PAULO ZABEU

EMOÇÕES

como conviver com elas

Labrador

© Paulo Zabeu, 2024
Todos os direitos desta edição reservados à Editora Labrador.

Coordenação editorial PAMELA OLIVEIRA
Assistência editorial LETICIA OLIVEIRA, JAQUELINE CORRÊA
Projeto gráfico, diagramação e capa AMANDA CHAGAS
Preparação de texto LÍVIA LISBÔA
Revisão MARÍLIA COURBASSIER PARIS
Imagens de capa GERADAS VIA PROMPT MIDJOURNEY

Dados Internacionais de Catalogação na Publicação (CIP)
Jéssica de Oliveira Molinari - CRB-8/9852

ZABEU, PAULO
Emoções : como conviver com elas / Paulo Zabeu.
2. ed. – São Paulo : Labrador, 2024.
224 p.

ISBN 978-65-5625-445-6

1. Autoconhecimento 2. Emoções 3. Conduta de vida 4. Solução de problemas I. Título

23-4989   CDD 158.1

Índice para catálogo sistemático:
1. Autoconhecimento 2. Psicologia Aplicada

Labrador

Diretor-geral DANIEL PINSKY
Rua Dr. José Elias, 520, sala 1
Alto da Lapa | 05083-030 | São Paulo | SP
contato@editoralabrador.com.br | (11) 3641-7446
editoralabrador.com.br

A reprodução de qualquer parte desta obra é ilegal e configura uma apropriação indevida dos direitos intelectuais e patrimoniais do autor. A editora não é responsável pelo conteúdo deste livro. O autor conhece os fatos narrados, pelos quais é responsável, assim como se responsabiliza pelos juízos emitidos.

A vida é um jogo de conexões permanentes. Tudo na vida está conectado, mas não determinado. Em qualquer direção que você for, em qualquer movimento seu, sempre haverá, necessariamente, um resultado. Cabe a nós definirmos quais ações e o resultado que queremos para construir nosso futuro e fazer nosso destino. Reflita sobre isso.

— **PAULO ZABEU**

SUMÁRIO

INTRODUÇÃO — 9

CAPÍTULO I
NOSSO UNIVERSO DE CONFLITOS E SOLUÇÕES — 16
O que é o nosso universo de conflitos e soluções? — 17
Dique mental — 30

CAPÍTULO II
FATOR INÚTIL: NOSSO UNIVERSO DE CONFLITOS — 32
Império da mente — 32
O que é LEID? — 39
5 Elementos do fator inútil — 44
   Ócio — 44
   Apego — 45
   Bisbilhotagem — 52
   Impulsividade — 65
   Omissão — 71

CAPÍTULO III
CICLO DA IMPRODUTIVIDADE — 79
   Expectativa — 80
   Ansiedade — 85
   Frustração — 94
   Estresse — 96
   Angústia — 100
   Depressão — 101
Senoide da vida — 108

CAPÍTULO IV
ASSUMINDO O COMANDO DE SUAS EMOÇÕES E SUA VIDA — 115
Era da sabedoria — 115
Ferramentas para o comando: 5 movimentos do autoconhecimento — 117
    Observar — 117
    Refletir — 119
    Tomar atitude — 121
    Agir — 124
    Saber esperar — 126
Habilidades para o comando: 3 princípios propulsores da humanização — 131
    Iniciativa própria — 131
    Senso crítico — 133
    Criatividade — 146

CAPÍTULO V
CONTROLANDO AS EMOÇÕES E CONSTRUINDO SEU DESTINO COM OS FATORES PRODUTIVOS — 148
Autogestão integrada — 157
    Comando da Mente — 158
    Controle das Emoções — 158
    Assertividade nas ações — 159
5 Elementos do fator produtivo — 162
    Impessoalidade — 163
    Reinvenção — 168
    Foco — 178
    Ação transformadora — 193
    Autocredibilidade — 198

CAPÍTULO VI
CONCLUSÃO — 211
Desenvolvimento de comandantes — 214
Equação inteligente — 217
Os três componentes "inelásticos" — 220

Caro leitor,

Se você não aceita desafios nem provocações, não perca o seu tempo: esse livro não foi escrito para você. A vida não foi feita para quem gosta de zona de conforto, viver no mole e à custa alheia.

Esse livro é fruto de mais de cinquenta anos de pesquisa do comportamento humano, portanto, escrito para aqueles que querem buscar seu equilíbrio interno, transformar suas vidas para se iluminar por dentro e por fora! Ser um vencedor de si mesmo, buscar respostas, entender o que é pensar, refletir, transformar suas emoções em energias positivas, entender sua ansiedade, superar suas frustrações e ser uma pessoa admirada, não pela riqueza ou poder, mas por ter vencido suas paixões e estar disposto a enfrentar todas as dificuldades para transformar sua vida num oceano de luz e paz para todos. É para você que escrevo esse livro!

Não espere milagre; sabe por quê? Se você não fizer a sua parte, nada vai acontecer. Ninguém transforma ninguém, se não houver determinação, disciplina e coragem de deixar, para trás, o ser antigo e construir um novo. Proponho dar-lhe uma trilha segura para você entender seus pensamentos, suas emoções, vencer a sua ansiedade e traçar um destino que você mesmo irá construir.

Se você quer transformar sua vida em um grande depósito de experiências bem vividas e idealizou, a cada dia, um universo de aprendizado, com as rédeas em suas mãos, para construir um oceano de sabedoria, edificando uma vida de luz, a experiência desse livro poderá mudar a sua vida.

Felicidade e sucesso são estados de espírito e não bens pessoais perecíveis ou um poder sem direção. É estar bem consigo mesmo; é a absoluta certeza de ter feito o melhor. Forme as raízes necessárias para esse propósito, buscando, em si mesmo, a certeza de que "você é capaz", basta apenas conhecer e galgar o caminho com a bússula para o futuro.

Receba de mim as melhores intenções, de transformar-se em um herói solitário, para que, no final de sua jornada de vida, você alcance a paz interior por ter tentado e conquistado a liberdade que os omissos e acomodados jamais sentirão.

Vamos juntos nessa jornada.
Paulo Zabeu

INTRODUÇÃO
NOSSO LIVRO COMEÇA AQUI

Ao escrever nosso primeiro livro *Autoconhecimento — o tesouro desconhecido,* cuja primeira e segunda edições já estão esgotadas, tive um único objetivo: tornar você mais feliz e uma pessoa de sucesso. Como consequência natural, nasceu o presente livro, *Emoções — como conviver com elas,* que traz as ferramentas que ajudarão você a compreender suas emoções e descobrir a importância de pensar e refletir sobre sua vida. O melhor mesmo é saber que essa felicidade está ao seu alcance e que o começo, ou o recomeço, depende apenas e tão somente de você. Portanto, se você ainda não o leu... leia.

Durante todos esses anos de pesquisa sobre o comportamento humano, conversei com centenas de pessoas de várias partes do mundo e de todas as classes sociais, sempre observando e refletindo sobre as histórias sobre suas vidas. O sofrimento e a felicidade são sentimentos constantes em nossas vidas, manifestações que se revezam. Mas o que leva um homem, do nada, a tornar-se um sucesso e ser feliz? Ou o que leva um homem que tem tudo a se tornar um fracassado e viver no sofrimento? O quê ou que coisa é essa que determina a construção do nosso destino? Conhecer a fonte, a construção das emoções: esse é o segredo do nosso sucesso ou insucesso. Conhecendo a rede de conexões emocionais, da expectativa à depressão, você vai aprender a lidar com os impactos da vida e, assim, evitar que, a partir de uma frustração, você faça, da sua vida, um inferno de Dante.

Você saberá definir, em cada momento, o que você quer, em harmonia absoluta com o bem do todo. Vai decidir seu próprio caminho até o final da sua existência, ajudando a todos os que fazem parte da sua vida, sem fazer as coisas por eles, sendo sempre um ponto de referência, de sensatez, de lealdade, de companheirismo e uma pessoa de ação, verdadeiramente.

Relembrando fatos de minha pesquisa, todos os entrevistados, ou quase todos, sempre me interrompiam no meio da conversa, sem esperar as minhas observações. Replicavam e repetiam, como matracas, as mesmas palavras, pensamentos, ideias e conceitos. Era uma falta de discernimento sem precedentes; a conversa não se desenvolvia. Mudavam de assunto num piscar de olhos. Alguns lembravam os chineses, equilibrando sete pratos com uma haste de papel, tentando me convencer do óbvio, insegurança total. A falta de serenidade era tanta, que se expressavam mais pelos gestos corporais; pareciam crianças recém-nascidas, buscando palavras para se comunicar. Pude observar que todos, sem exceção, eram movidos pela impulsividade ou pela omissão, e eram tão evidentes as tentativas de demonstrar conhecimento e poder, que o ridículo ficou usual. A ansiedade já fazia parte da vida daquelas pessoas, iniciando um processo de descontrole emocional, no qual nem elas mesmas tinham consciência do que falavam ou queriam.

E o contrário também era verdadeiro. Muitos "escorregavam" e arranjavam as desculpas mais esfarrapadas para justificar a inércia e a inutilidade de suas vidas e dos privilégios de que gozavam, sem jamais tê-los conquistado. Pura questão de pose. Era, na verdade, pura omissão e, alimentadas por ela, essas pessoas tornavam-se inseguras, angustiadas e, fatalmente, chegavam à depressão.

Tendo a natureza como padrão, refleti muito sobre essa questão e concluí que os animais vivem harmoniosamente e em absoluto equilíbrio, sem impulsividade e omissão, e, consequentemente, sem os seus reflexos imediatos: expectativa, ansiedade, frustração, estresse, angústia e depressão. Portanto, esses movimentos não são movimentos naturais, e sim movimentos aprendidos e depois condicionados. E não deveriam fazer parte de nossa natureza humana evoluída.

Refletindo ainda sobre as pessoas que eu havia entrevistado, identifiquei que a impulsividade e a omissão, segundo a sua repetitividade, em tempos cada vez mais curtos, levam o ser ao total descontrole sobre sua própria vida. Na verdade, esses movimentos já seriam o resultado de uma mente sem controle. Acreditem ou não, os nossos maiores problemas têm origem no ciclo da improdutividade, que veremos mais a frente. É aí que começam e terminam as nossas desgraças.

A cada minuto, conscientemente ou não, transformamos movimentos internos em ações. E a vida, natural e consequentemente, oferece as respostas a essas ações.

Assim, tornamo-nos responsáveis pela formação do nosso Universo de Conflitos e Soluções, que é onde cada criatura constrói seu próprio destino.

Vamos fazer uma simples analogia: o planeta Terra é composto de uma atmosfera gasosa e de massa planetária, contendo tudo o que sabemos que nela existe. A massa planetária, que está contida dentro da atmosfera gasosa, é composta por continentes, mares, peixes, seres humanos, flora, fauna, fogo, água etc. Tudo isso, em constante movimento, provoca terremotos, maremotos, tempestades, furacões, incêndios, guerra; com isso, animais morrem, florestas desaparecem, seres humanos perecem, formando um ciclo de pausa e movimento na natureza. Nessas pausas, depois que tudo se acalma, nascem novas civilizações, novos tipos mais evoluídos de animais, de flores. A vida se renova na constante movimentação desses elementos. Assim é nosso Universo de Conflitos e Soluções.

Reflita comigo: a atmosfera gasosa, composta de seus elementos (o ar, o gás carbônico, o ozônio etc.), simboliza a nossa mente, que é um campo de energia que dimensiona e individualiza cada ser. Agora, pensamentos, ideias, conceitos, condicionamentos, paixões, emoções, sentimentos, fome, sede, sono, inteligência, excessos de informações desnecessárias, em constante movimento, representam a massa planetária. Assim como os elementos da massa planetária contida na atmosfera gasosa desencadeiam as intempéries e desastres na natureza, nossa mente, através dos elementos nela contidos, desencadeia a ansiedade, a frustração e desenvolve, por consequência, o ócio, o apego, a bisbilhotagem, a impulsividade e a omissão. Ou seja, nosso Universo de Conflitos.

Porém, quando desenvolvemos o observar, o refletir, o tomar atitude, o agir e o saber esperar, em um movimento contínuo, somos conduzidos, de forma natural, a um mergulho na impessoalidade, desenvolvendo a reinvenção. Através do foco e da ação transformadora, construíremos a autocredibilidade. Como resultado desse trabalho interno, renascerá o amor, a compreensão, a disciplina, a coragem, a humildade, a sensibilidade, a fraternidade e, finalmente, a experiência. Ou seja, desenvolveremos o nosso Universo de Soluções.

E, assim como após as intempéries e desastres da natureza tudo é renovado, o mesmo se processará em nosso Universo de Conflitos e Soluções.

É importante saber que todos esses movimentos, inconscientes, simultâneos, desarranjados e misturados uns com os outros são a razão das mudanças repentinas de humor e de temperamento. Porém, quando tomamos consciência desses fatos, como estamos fazendo agora, alinhamos as nossas necessidades, expandimos o que é bom, eliminamos o desnecessário (aquilo que é inútil) e reconstruímos um novo ser. Simples, não? Mas não é! Necessitaremos de tempo e força de vontade dirigida. Mas uma coisa eu observei e aprendi na natureza: tudo é uma sucessão de fatos encadeados. Se entendermos o macro, entenderemos o micro. E vice-versa. Somos frutos do universo. Não se esqueça disso!

O Universo de Conflitos e Soluções, portanto, é o conjunto formado pelo fator inútil e pelo fator produtivo, como vamos aprender neste livro. Esses dois fatores são constituídos de elementos que fazem parte do nosso dia a dia, mas, na maioria das vezes, não nos damos conta de sua presença ou importância em nossas ações.

Mas, ora bolas, se somos responsáveis pela construção do nosso próprio destino, por que não o fazemos? Eureka! O que leva o homem ao fracasso ou o impede de construir seu próprio destino é a falta de comando sobre si mesmo.

O início desse processo, ou seja, a falta de comando sobre nossas ações, deveria ter uma fonte comum. Relembrando os fatos, descobri que, sem exceção (digo, sem exceção mesmo), todas as pessoas com as quais estive perdiam seu tempo com inutilidades. É, inutilidades mesmo! Como resultado dessas ações nascia um destruidor de alegria e um criador de ilusões: o fator inútil. É através dele que tudo se inicia.

Fator inútil:

é toda energia desperdiçada, sem direção, que eu gasto em movimentos comigo mesmo ou com os outros.

Ele é composto por cinco elementos agregados, que levam o ser ao fracasso. São eles: os três primeiros — o ócio, o apego e a bisbilhotagem —, que eu chamo de componentes, e os dois últimos — a impulsividade e a omissão —, que eu chamo de resultantes.

ÓCIO é a força de vontade invertida a serviço da desgraça.

APEGO é tudo aquilo que nos escraviza e nos faz sofrer e de que não precisamos mais.

BISBILHOTAGEM é premeditar ações contra os outros ou contra nós mesmos.

IMPULSIVIDADE é a ação descontrolada, movida pelas emoções.

OMISSÃO é a fuga ou indiferença interna, diante dos fatos de nossa realidade.

Bem, leitores, recomeçar a construção de nós mesmos é fácil? A resposta é não. Um grande não; mas você tem duas opções: mudar pelo amor e vontade própria ou mudar pela dor, remorso e cansaço. Você escolhe!

Você terá que mudar conceitos, ideias, maneira de viver, ganhar e perder, reinventar-se. Nada cai do céu; nada acontece por milagre. Jamais se iluda.

O que não percebemos é que toda a nossa confusão e, consequentemente, a nossa falta de foco, vem, sempre, de dentro. Mas, quando tomarmos consciência disso e acabarmos com o fator inútil, administrando o nosso Universo de Conflitos, seremos um novo ser, mais equilibrado e feliz. A sabedoria universal coloca sempre à nossa disposição mecanismos de superação.

Os 5 Movimentos do Autoconhecimento, que comentarei resumidamente nesta obra, serão as ferramentas para você edificar o fator produtivo, mergulhar em seu Universo de Soluções, assumir o comando de sua vida e alcançar o sucesso, vivendo em paz com a sua família, produzindo mais como profissional, amando mais, transformando-se em uma nota musical emitida pela Orquestra Sinfônica do Universo Livre.

Fator produtivo:

é todo movimento interno ou externo realizado dentro do tempo e do espaço em harmonia absoluta.

Vamos também entendê-lo: ele é composto por cinco elementos interativos, com os quais você assumirá o comando de sua própria vida. São eles:

IMPESSOALIDADE é a imersão em você mesmo; um autobalanço. É a contabilidade existencial, sem mentiras.

REINVENÇÃO é a renovação de nossos movimentos internos e externos.

FOCO é a bússola de nossa existência no deserto da confusão.

AÇÃO TRANSFORMADORA é o movimento interno de superação dos nossos limites e condicionamentos, transformando o que nos prejudica em lição construtiva.

AUTOCREDIBILIDADE é a nossa força interna a serviço da determinação.

Com a prática dos elementos interativos do fator produtivo, ou seja, nosso Universo de Soluções, você será capaz de palmilhar seu caminho, passo a passo, e conquistar o sucesso integral; pois sucesso, hoje, não é mais apenas ter poder e riqueza. Sucesso é ter:

- o comando da mente;
- o controle das emoções;
- e assertividade nas ações.

Esse é o verdadeiro sucesso! É a autogestão integrada. Venho praticando em minha vida há mais de cinquenta anos e realmente não posso reclamar dos resultados. O pouco que conquistei não trocaria por dinheiro nenhum deste mundo, pois acredito que, além de riqueza exterior ou poder, o ser precisa da autorrealização, que só pode ser conquistada através de muito trabalho e dedicação.

Bem, a você que já nos acompanhou até aqui, existem dois caminhos:

PRIMEIRO: feche o livro e continue como está. Agradeço sua atenção!

SEGUNDO: aceite o grande desafio de mudar e se tornar uma nova pessoa, fazendo valer sua própria existência e conquistando o verdadeiro sucesso, por você mesmo. Só por você, por ninguém mais. O sucesso está ao alcance de todos. É só começar!

LEMBRE-SE:
aquele que experimentar a verdadeira felicidade, por conta própria, jamais voltará a ser feliz à custa dos outros.

Somente os incompetentes e os mal-intencionados preferem o caos, pois sabem que, sem os efeitos da desordem, jamais sobreviveriam.

Convido você a conquistar a maior riqueza e o maior poder já experimentado pelo homem: a autogestão integrada, que é a arte de se administrar em harmonia absoluta no tempo e no espaço, diante dos conflitos da nossa vida, convivendo bem com as nossas emoções.

LEMBRE-SE:
"O importante não é nascer bem, mas morrer bem!", já dizia o filósofo grego Sócrates (469 a.C.—399 a.C.).

CAPÍTULO I
NOSSO UNIVERSO DE CONFLITOS E SOLUÇÕES

O ser humano é um complexo de ricas informações. Quando nascemos, já trazemos conosco uma carga de experiências, um grande volume de informações prontas para serem utilizadas. Esse enorme pacote de dados é composto por experiências uterinas, lições gênicas, transferidas de pais para filhos, aprendizados inconscientes e, ainda, as experiências que, segundo alguns estudiosos com quem tenho conversado, trazemos conosco, adquiridas pelas vidas sucessivas, conhecidas como teoria reencarnacionista. Deixando todas as teorias de lado, o fato é que cada um de nós já nasce com experiências pré-infantis, que nos individualizam, e cuja absorção é involuntária, sem discernimento e sem critério, do nascimento à juventude. Por essa razão, elas estão inseridas, mas "desarranjadas" ou "desarrumadas", ou ainda "desconfiguradas", em um campo vivo de energia ativa, que chamamos de campo mental. Ele é o armazém de nossos pensamentos, ideias, tradições, condicionamentos e emoções.

O que quero dizer com isso é que todos nós já nascemos e crescemos, independentemente de qualquer teoria, com uma gama de conhecimentos e experiências. É só observar os bebês. Do nascimento aos catorze anos, aproximadamente, a criança e o adolescente vão acessando, de forma gradual, informações preexistentes e, inconscientemente, conectando-as à realidade presente, conforme as exigências do dia a dia. Ninguém nasce pronto. A boa formação e o amor são fundamentais nesse processo de integração entre o presente e as tendências passadas, para a construção do futuro.

Deveríamos estar preparados com exemplos educativos e orientações, que servissem de apoio e alavanca para a formação de bebês, crianças e jovens, dando-lhes a linha mestra para uma vida saudável, cheia de esperança e segurança. Entretanto, não é o que acontece. Os novatos não têm modelos exemplares e limites adequados e, quando adultos, toda a sua bagagem, moldada em experiências desordenadas, contraditórias e conflitantes, toma conta do cotidiano e se transforma em elementos do fator inútil: o ócio, o apego, a bisbilhotagem, a impulsividade e a omissão, temas de que trataremos mais adiante, detalhadamente. No entanto, na busca daquilo que eles já estariam preparados para ser e gostariam de ser, são obrigados a experienciar, conviver, aprender, buscar respostas e encontrar as saídas por si mesmos. Nesse movimento interno, se manifesta nosso Universo de Conflitos e Soluções, que é a soma de tudo aquilo que já possuímos dentro de nós, de forma desordenada, confusa e inconsistente.

RESULTADO:
perdemos a confiança, entramos em desespero e sentimos pânico. Ansiedade, angústia e depressão se apossam de nós e, finalmente, há o caos; quando, na realidade, todas as soluções estão bem à nossa porta, na frente dos nossos olhos. Mas, como o cego de nascença ao sol, que pressente seu calor, mas não pode enxergar e desfrutar de toda a sua luz e seu esplendor, nós não conectamos as soluções.

O QUE É O NOSSO UNIVERSO DE CONFLITOS E SOLUÇÕES?

É a soma de tudo que adquiri até hoje, através de experiências, positivas e negativas, inseridas e acumuladas no meu mundo de vibrações: a mente.

Somos hoje o resultado das experiências vividas em todos os aspectos: físico, mental e espiritual. Os nossos cinco sentidos (a visão, a audição, o olfato, o paladar e o tato) e o sexto sentido (o extrassensorial, que capta o que foge aos cinco sentidos) são os canais principais desse processo. Universo de Conflitos e Soluções é o conjunto de lições e aprendizados formado pelo fator inútil e pelo fator produtivo que ainda não sei administrar.

Vamos exemplificar tudo isso?

Imagine uma garrafa de vidro transparente de um litro. Três quartos dessa garrafa estão cheios de água pura e cristalina, pronta para ser ingerida e saciar a nossa sede, em pleno deserto, com o sol a pique, a 50°C. Agora coloque óleo de cozinha no restante da garrafa. Veremos que o óleo ficará acima da água.

Agora chacoalhe, com vigor, até que eles se misturem. Observe dentro da garrafa as gotas de óleo e a água limpa: elas estão juntas, mas não se confundem. Está tudo misturado e, se você tomar a água, vai ter uma tremenda dor de barriga. Pare de mexer e deixe a garrafa em cima de uma mesa, imóvel, e veja o que acontece. As gotas de óleo vão se juntar outra vez e ficarão novamente na parte superior da garrafa. A água limpa e cristalina vai ficar sufocada por baixo e, se o óleo não for retirado, vai estragar a água.

Para facilitar nosso entendimento, podemos fazer uma analogia entre a garrafa, com água e óleo, e o nosso Universo de Conflitos e Soluções. Veja a ilustração a seguir:

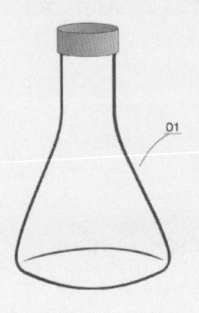

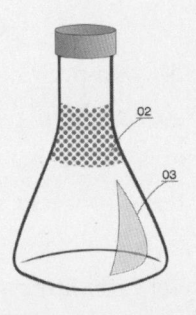

1. A garrafa de vidro transparente, sem conteúdo, é o invólucro, representando nosso campo mental, que contém o nosso Universo de Conflitos e Soluções.

2. O óleo representa o resultado dos acúmulos de informações desconexas, emoções e experiências malsucedidas e não refletidas, ou ainda não trabalhadas, que formam o nosso Universo de Conflitos.

3. A água transparente e cristalina representa o resultado do aprendizado de todas as experiências durante nossa existência, até o momento em que formam o nosso Universo de Soluções.

NOTE: podemos observar que a água cristalina está sufocada pelo óleo, o que significa dizer que as nossas soluções existem e estão bem diante dos nossos olhos, mas estão sufocadas pelos nossos conflitos. Isso é o que acontece quando nossa mente está estagnada e sem renovação: nossos conflitos assumem o controle de nossa vida e teremos o ócio, o apego, a bisbilhotagem, a impulsividade e a omissão.

Ao agitarmos a garrafa, temos uma composição diferente. Veja a figura a seguir:

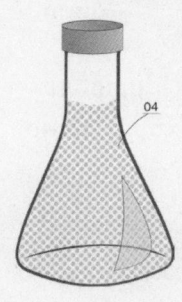

Ao agitarmos a garrafa, em um movimento contínuo, observamos que, embora elas estejam misturadas, as partículas de água e óleo não se confundem; permeiam-se, mas não se fundem.

Assim também é a nossa mente: pela agitação, pressão e correria do dia a dia, através dos movimentos, sem o devido cuidado e fora do ritmo, que só a observação e a reflexão podem trazer, confundimos nosso Universo de Conflitos e Soluções e acabamos por transformar soluções em conflitos, que se manifestam em ansiedade e impulsividade, pois nossas ações estão fora do compasso. Mas lembre-se: eles vivem juntos, misturados no mesmo espaço; porém, não se fundem.

Se pararmos de agitar a garrafa e a deixarmos parada, veja o que acontece:

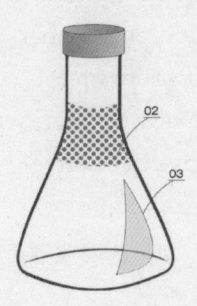

Ela volta à condição da Figura 1. Assim como, ao pararmos o movimento da garrafa, o óleo volta a ficar por cima (e sufoca novamente a água, que vai apodrecer e criar miasmas), nossa mente volta à estagnação, por conta de nosso apego aos sofrimentos, que nos fazem viver choramingando e reclamando, e não nos permitem buscar soluções. Sufocados, mais uma vez, mergulhamos em angústia, depressão e pânico.

Então qual é a saída?

1. Agitar nossa "garrafa", ou seja, o nosso Universo de Conflitos e Soluções, saindo da omissão e do comodismo.

2. Manter esse universo em movimento, para que nada fique oculto, e trazer de dentro para fora todo o nosso besteirol. Não se poupe. Descubra tudo sobre você, de forma impessoal.

3. Observar nossos limites, refletir como superá-los e decidir, internamente, no mundo das ideias, o que tem que ser feito e como fazê-lo; agir conforme o planejado, por prioridade, e sabendo esperar, com continuidade.

4. Tomar consciência de que existem três premissas básicas para o processo de administrar nossos universos:

   - aceitar que não poderemos viver sem conflitos, pois eles fazem parte do processo de crescimento dos seres humanos em expansão. Agora é a hora!
   - compreender que apenas nós podemos enfrentar e administrar nosso Universo de Conflitos e Soluções. Esta é a habilidade mais bem paga do mundo;
   - encontrar o nosso próprio ritmo para administrar nossos universos. Cada um tem o seu próprio ritmo, e devemos sempre manter esses universos sob vigilância permanente. Portanto, não existe alternativa senão a de enfrentarmos nosso Universo de Conflitos e Soluções através do observar, refletir, tomar atitude, agir e saber esperar. É mera questão de tempo, pois, pelas nossas pesquisas, não encontramos outro caminho para construir o nosso próprio destino que não seja o de exercitar a quebra de nossos condicionamentos, que são atitudes repetitivas ou ideias cristalizadas pelo tempo, que se manifestam de maneira irrefletida e padronizada,

inibindo a criatividade do homem. Até por falta de opção, teremos que tomar consciência desses universos e, naturalmente, vencer nossos limites, conquistando a nossa liberdade de viver.

Por que os nomes Universo de Conflitos e Universo de Soluções? Porque os conflitos e soluções não terão fim tão cedo. Eles são a matéria-prima do nosso aprendizado. São mecanismos naturais do nosso crescimento e expansão, pois a paz não é deixar de ter problemas. Ter qualidade de vida e sucesso permanente não é ter poder ou riqueza à nossa disposição, mas ter acesso a esse Universo de Conflitos e Soluções, ter controle absoluto sobre nossas ações, resolvendo nossos problemas de maneira criativa. É ter comando da mente, controle das emoções e assertividade nas ações. Por que sucesso permanente? Simplesmente porque, na vida, só se é feliz quando sabemos administrar com segurança os movimentos de altos e baixos, momentos bons e ruins, e ainda assim conquistar a autorrealização.

A autorrealização é ter a satisfação de ser dono do próprio destino, construí-lo e mantê-lo sob nossa vigilância e controle absoluto, mesmo sob intempéries, decepções e perdas inesperadas, sem perder nosso controle emocional e mantendo o compasso e a harmonia integrados. E isso está ao alcance de todos nós, sem exceção. Cada um conforme suas obras e sua habilidade de administrar o seu Universo de Conflitos e Soluções.

E onde, primeiramente, podemos identificar a perda do controle do nosso Universo de Conflitos e Soluções... o começo do fim? Dentro de nossa própria casa, no seio da nossa própria família. Por quê? Porque é lá que ninguém vai reagir diante de nossa insensibilidade e irritabilidade, que são os primeiros sinais da perda de controle desse universo. Aliás, a insensibilidade, às vezes, é mesmo de matar... de rir... Quer ver?

"Pai Aço"

Paula, minha esposa, e eu viajamos em nossas últimas férias que, aliás, serviram para escrever os últimos capítulos do Emoções — como conviver com elas. *Estávamos na entrada do hotel, um* enorme hall, cheio de hóspedes jogando xadrez, palito, baralho e uma família, em especial, pai, mãe e um garoto de nome João, de aproximadamente oito anos, jogando dama, bem no centro do ambiente. O berro do garoto acordou a todos que estavam dormindo no salão.

— Pai, pai, come a mãe, come a mãe. Pai, vai que agora é fácil!

O pai em absoluto gesto de repreensão, falou:

— Fica quieto, menino, olha o que você está falando, parece burro, orelhudo. Fica de bico calado... Fecha essa matraca.

— Mas, pai, é agora ou nunca, come a mãe, tá fácil, coma a mamãe!

— Menino, se você não calar essa boca, vou te dar uns tapas na orelha...

Joãozinho pulava freneticamente na cadeira, esfregando as mãos, batendo os pés, de tão ansioso; até babava.

— Pode bater, pai. Pode bater, mas coma a mãe agora, por favor, coma a mamãe. Pelo amor de Deus, coma a mãe. Eu quero ver, pai. Vai, pai, vai...

A senhora, avermelhada de vergonha, não sabia o que fazer, pois todos os hóspedes morriam de rir. Alguns rolavam no sofá, ao ver o menino de pé, provocando o pai.

— Veja, papai, todos estão rindo de você. Até eles sabem que é agora que você tem que comer a mamãe! Vamos, todos querem te ver!

A mãe, totalmente constrangida, disse:

— Filhinho, vai até o balcão pegar um cafezinho para a mamãe!

— Não, não. Eu quero ficar aqui e ver o papai comer você! A plateia delirava ao ver Joãozinho sentando e levantando, desafiando o pai. O hall quase veio abaixo de tanta gargalhada do pessoal, inclusive eu que, sem ter o que fazer, acompanhei a torcida quando o pai do garoto, num gesto insensível, pegou-o pelo braço e, aos berros, disse:

— Olha, aqui, seu moleque, quem sabe a hora de comer sua mãe e onde, sou eu e não você, entendeu?

E, aos petelecos, arrastou o menino em direção ao banheiro. No caminho...

— É sempre assim, viu, pessoal, na hora do "vamo vê", papai sempre me tira da jogada.

E ainda dependurado pela cintura e apertado pelo braço forte do pai, finalizou:

— Eu não entendo, papai, você nunca come a mamãe na frente dos outros. Torço e vibro por você e ainda levo bronca...

Todos, sem exceção, aplaudiram o garoto de pé, em total contestação à atitude insensível do pai de Joãozinho. É sempre assim, cada um só pode dar daquilo que tem!

Apesar de ser uma cena jocosa, podemos aprender grandes lições:

1. nossa perda de controle começa pela nossa insensibilidade;
2. jamais devemos nos deixar envolver pelo calor da multidão. Podemos, apenas, com um pequeno gesto, marcar as pessoas pelo resto de suas vidas;
3. a serenidade é sempre aconselhável, desde uma simples partida de jogo de damas, como a de nossa história, a uma forte pressão dos negócios. Ou, ainda, uma decisão familiar;
4. temos que aprender a interpretar as intenções alheias, principalmente das nossas crianças;
5. podemos e devemos evitar ações insensíveis, praticando a reflexão, expandindo nossa criatividade;
6. o senso de humor é sempre um bom companheiro, principalmente com as crianças. Bastava o pai de Joãozinho, num gesto de carinho, dizer: "Puxa, filho, como eu não vi esta oportunidade maravilhosa de comer a sua mãe?". E retirar a pedra do tabuleiro de dama.

É provável que o pai de Joãozinho não estivesse "presente" no jogo de dama e que sua água cristalina, suas soluções, estivesse impedida de fluir. É que o óleo da superfície, seus conflitos, não permitiu que seu senso de humor prevalecesse. Nesses momentos inesperados é que podemos observar e identificar nosso Universo de Conflitos e Soluções.

A espontaneidade de Joãozinho, muito natural em crianças de sua idade, é uma das ferramentas usuais de que a natureza dispõe para avaliações e reflexões pertinentes ao nosso estado de serenidade e compreensão, para que possamos medir nosso nível de sensibilidade emocional. Nosso mau humor e a falta de criatividade em situações de conflitos sempre prevalecem quando estamos descuidados de nós mesmos. Questionamentos para identificar como anda nosso Universo de Conflitos e Soluções:

- perdi meu senso de humor, nos momentos de alegria e diversão?
- meu pavio está curto?
- crianças me irritam com facilidade?
- tenho dificuldade de desejar bom dia?
- torço para chegar o fim de semana?
- nas brincadeiras e jogos, torço para que acabem logo?
- tenho ansiedade nos finais de semana, principalmente aos domingos?
- tenho irritabilidade ao ter que estudar ou entender o que estou lendo?
- tenho má vontade em atender ao telefone?
- suas respostas tem sido "ok", "tá bom" e "fica assim, então"?

Bem, se você se enquadrou nos itens acima, você já está precisando refletir, pois seu Universo de Conflitos está triturando você. Mas não se preocupe, ainda tem remédio. Agora vamos começar a conversar.

Para entender melhor a composição de nosso Universo de Conflitos e Soluções, precisaremos entender onde ele se localiza e como ele se forma.

Esse universo está formatado em nossa mente. Já falamos sobre ela no livro *Autoconhecimento — o tesouro desconhecido*. Vamos relembrar alguns pontos importantes para o nosso estudo. Aliás, sugiro que você o leia e, se já leu, que o releia.

VAMOS REFLETIR:
tudo no universo está em movimento; a própria Terra, em seu movimento de rotação, está a 30 km/s, aproximadamente. A natureza se renova, a cada segundo, gerando milhões de vidas, animais ou vegetais, num ciclo de 24 horas, onde nada se perde,

tudo se reinventa... e sem perda de tempo e espaço; tudo é sempre novo e útil, com a finalidade de construir e participar do todo, com o todo, o tempo todo.

Bem, todos nós produzimos uma quantidade de energia por dia. São 24 horas de produção contínua para suprir todas as necessidades básicas da vida, como comer, trabalhar, fazer amor, cuidar dos filhos, namorar, trabalhar voluntariamente, refletir, pensar, esperar, sonhar... Cada pensamento, ideia ou ação é um quantum de energia viva, em constante movimento. Então, podemos concluir que cada movimento consome energia. Até nossos pesadelos precisam de energia (e muita energia). Por exemplo: você já observou que, quando temos um problema e concentramos, nele, nossa atenção, sentimo-nos exaustos e sem energia? Cada um de nós produz uma quantidade única, que é diferente de pessoa para pessoa. Cada um é um. Não existe outro igual a você no mundo. Portanto, não se esqueça: você é uma obra-prima.

É importante entendermos o pensamento, pois é nele que tudo se inicia. Já pudemos concluir que pensar "bem" ou "mal" movimenta energia, ou seja, consome parte da energia que produzimos diariamente, pois o pensamento é energia ativa e causa movimento progressivo no nosso Universo de Conflitos ou de Soluções. Ele é a faculdade humana de acumular e expandir ondas de vibração do ser; é o movimento de emitir ondas, em múltiplas direções. Ele é o resultado e se manifesta com qualidades inerentes às nossas experiências como seres humanos.

Cada vez que emito um pensamento, ele ecoa na atmosfera, como um raio na tempestade, em céu aberto. Nosso pensamento tem uma força incrível e desconhecida, razão pela qual acabamos estafados quando um problema nos assola e aflige nossa existência. Ele é vivo e ativo dentro e fora de nós. Precisamos, urgentemente, tomar consciência dessa força maravilhosa que é o pensamento.

O pensamento, energia viva e dinâmica, é a primeira unidade produtiva do ser. Ele é armazenado, através de um mecanismo involuntário de absorção, em nosso campo mental; registramos nele tudo o que vivemos e sentimos. Nossa mente é um mata-borrão. O agrupamento de pensamentos idênticos ou, ainda, repetitivos, torna-se uma ideia; esta ideia forma um conceito. Este, sem a devida reflexão saneadora, transforma-se em condicionamento; que, pela nossa falta de atitude e ação, torna-se tradição e dogma. Posteriormente, eles podem nos escravizar.

O acúmulo desses pensamentos de forma desconexa, sem reflexão e sem direção é que forma, em nossa mente, um Universo de Conflitos. E o contrário é verdadeiro: o alinhamento e o saneamento desses pensamentos formam, em nossa mente, um Universo de Soluções.

A mente, como um todo, é formada pelo registro vibracional de pensamentos, de nossas experiências práticas e teóricas. Ela é nossa mala de roupas velhas ou usadas, na qual amontoamos quinquilharias, através do tempo; dias, anos e décadas; nosso passado, presente e perspectivas do futuro; ou sonhos e ideias. Tudo está inserido no mesmo pacote, que chamamos de campo mental.

Tenho aprendido que a nossa mente leva de 24 a 72 horas, aproximadamente, para absorver, processar e elaborar as reações e respostas necessárias, ou seja, para decantar, processar e armazenar as ondas de vibração captadas pelos cinco sentidos. Durante esse período, as informações são armazenadas e aglutinadas de acordo com suas vibrações. Por exemplo: ao estudar para uma prova, momentos antes de fazê-la, observe e verá que na "Hora H" tudo desaparece. Porém, após um período de decantação, as informações serão processadas em sua área de conhecimentos gerais e tudo o que você reteve durante o estudo aparece naturalmente. E assim é no nosso dia a dia: observe que, somente depois desse tempo, é que nós dizemos: "Ah, se fosse hoje...! Com certeza, teria feito de outra forma".

É importante saber que a nossa mente é associativa, ou seja, ela faz o link entre as informações armazenadas que forem idênticas ou vibracionalmente semelhantes, mas que eu estou captando, através dos cinco sentidos, no presente.

Vamos a um exemplo: você adorava o bolo de fubá da vovó. Toda vez que você ia à casa dela, a primeira coisa que sentia era aquele delicioso cheiro! E o encontro com seus primos? Bons tempos que não voltam mais! Observe que, cada vez que você sentir cheiro de bolo de fubá, automaticamente buscará algo em suas lembranças, com todas as sensações que experienciou. De repente, você, por um segundo, volta no tempo e revive todas as emoções, boas e ruins, daquele momento. E, assim, tudo o que você viveu, aprendeu, sentiu, agiu ou deixou de agir, todos os seus acertos e seus erros, estão gravados, vibracionalmente, e formam, a cada minuto, seu Universo de Conflitos e Soluções, em seu campo mental. E sempre que você precisar, eles serão acionados para que você realize seu trabalho e administre sua vida de forma integral. Então, tudo o que os cinco sentidos captam é armazenado em nosso campo mental e separado por vibrações similares.

Vamos a um outro exemplo: o computador não tem disco rígido, onde são gravados todos os dados e informações, com os quais alimentamos a memória, e onde os assuntos estão separados em arquivos e pastas? Assim é o mecanismo da mente: grava e arquiva tudo por semelhança de vibração e importância de assuntos. Aliás, quem desenvolveu esse processo tecnológico tem que ter tirado isso de algum lugar. É ou não é?

O interessante é que a composição e a natureza da "gravação" em nossa mente criam mecanismos de defesa e reconhecimento. Com isso, estabelecem o nosso clima pessoal, ou seja, a nossa identidade energética, que, nos dias de hoje, é fator determinante no fracasso ou sucesso de nossas vidas.

Vou contar uma experiência que tive 24 anos atrás:

Receita de fígado a alho e óleo

Um de meus filhos estava na adolescência e, aos catorze anos, passava por dificuldades muito comuns nessa idade. Atento aos fatos, convidei-o para comer uma pizza. Ele aceitou de bom grado. Com 1,75 m de altura, como todo adolescente, ele é capaz de devorar três pizzas em cinco minutos e, é lógico, acompanhadas de 2 litros de refrigerante. E, de sobremesa, um pote de sorvete com calda de caramelo e chantilly (diet, é claro). Mas o fato é que, quando chegamos à pizzaria, famosa como ponto turístico em Campinas, pedi uma pizza e uma porção de frango a passarinho. Já conversávamos há uma hora, e nada; a conversa tomou um rumo altamente saudável e, depois de mais de 45 minutos, nosso pedido chegou. Olhei pasmo para aquela pizza que mais parecia uma ameixa com peruca, de tão fria e enrugada que estava. Os pedaços de frango eram bolas de sorvete a 50 ºC de temperatura, boiando no caldo de óleo. Ao mesmo tempo em que estava espantado pela falta de respeito no atendimento, refletia sobre o que fazer; porém, tarde demais: ele já havia mandado o veneno biliar goela abaixo. Dos dezesseis pedaços, dez foram vítimas de suas dentadas, e, dos que sobraram, comi três. Foi o suficiente. Ao sair daquele local, tive a forte sensação de que as pessoas que ali trabalhavam iriam ficar desempregadas. Passaram-se 24 horas e berebas estranhas, que mais pareciam vulcões em erupção, invadiram meu rosto. Meu fígado, não suportando o excesso de óleo, explodiu e as consequências não foram nada agradáveis. Bem, mas havia uma vantagem: fiquei parecendo um adolescente virgem à espera dos catorze anos. Contaminado, fui ao médico e ele me disse:

— Paulo Zabeu, o que você andou aprontando?

— Nada, doutor, nada mesmo — disse eu, todo assustado.

— Seu fígado já deve estar sendo cozido em alho e óleo. É de dar pena.

Com fortes doses de chá de boldo e outros tais, levei vinte dias para recuperar meu estado normal de saúde, ao longo dos quais padeci de dores de cabeça constantes e indisposição...

Como a mente é associativa, do cheiro do local, do gosto da comida e do odor do óleo eu jamais esqueci. Através de um mecanismo de percepção e defesa, hoje, naturalmente, identifico o clima do lugar e, ao entrar em um ambiente e sentir esse cheiro peculiar, meu fígado responde no mesmo instante; caio fora dali imediatamente. Apesar de ter sido uma experiência dolorida, eu a absorvi em meu favor.

Fazendo uma analogia da vida prática, do dia a dia, o restaurante citado simboliza o nosso clima, nosso estado mental, composto de pensamentos e vibrações de irritabilidade, ansiedade, angústia, ciúme, amor, amizade, respeito, tudo que nos acompanha 24 horas por dia, em todos os locais aonde vamos. Ou seja, nosso Universo de Conflitos e Soluções. O frango e a pizza simbolizam a materialidade de nossas palavras, sorrisos ou risos, olhares, expressões, gestos, manipulações; são o nosso externo, aquilo que todos podem ver. As erupções estranhas no meu rosto seriam os efeitos que podemos causar nas pessoas e nos locais onde vivemos, trabalhamos e amamos.

Nunca mais esqueci aquele lugar, o atendimento, a refeição, como fui servido e quem me serviu. A indigestão que sinto até hoje, 24 anos depois, é a impressão ou a sensação que também causamos e deixamos por décadas, nas pessoas, ao se lembrarem de nós, ao falarem de nós, como: "Cuidado, lá vem ele, o corvo humano". Ou, ainda: "Vamos sair daqui, o Tempestade vem vindo". Ou pior: "Falem baixo, que o estouradinho empanado está passando". A pizzaria fechou, suas portas foram trancadas para sempre. O mesmo acontece conosco: pelo que falamos, agimos e pensamos, fecharemos as portas de empregos, criaremos inimizades, conflitos e seremos uma eterna indigestão popular, familiar e profissional. As causas e os efeitos são os mesmos, nas pessoas e situações, só muda o local e a proporção.

CONCLUSÃO:
nossas ações externas são o resultado do que somos e fazemos por dentro, inscoscientemente. As pessoas jamais se esquecem de nós, pelo nosso perfume mental, por badulaques dependurados, gestos físicos, mímicas faciais. Nossa mente sempre exala o nosso clima pessoal, que nada mais é que a expressão de nosso Universo de Conflitos e Soluções.

Mas por onde começar a identificar e educar nosso Universo de Conflitos e Soluções?

Pelo mais simples: coisas e situações do nosso dia a dia. Quer ver?
Por que nossos filhos nascem bebês? Para podermos educá-los, com amor e carinho. Certo? Pois bem, se aprendemos que tudo começa por um simples pensamento, é fácil entender que nossa mente,

com o seu conteúdo, nosso Universo de Conflitos e Soluções, é como uma criança revoltada, resultado de nossa habitual falta de reflexão e reeducação desses pensamentos. Ela deve ser tratada com amor e carinho e educada como tal. Então, quando sentir confusão mental, assolada por pensamentos desconexos, nada de violência ou revolta! Reflita sobre a raiz do problema e seus motivos para chegar até onde chegou. Elimine a choradeira, saneie seus pensamentos e vai sobrar a resposta que você procura. A solução oculta de que você precisava é o fruto da reflexão "Penso, penso, logo desisto; reflito, logo existo".

LEMBRE-SE:
a força do pensamento é mais rápida que um raio.
Não há como inibi-la, mas podemos modificá-la, pela ação transformadora, impulsionada pela nossa força do querer, transformando coisas antigas em coisas novas.
A mente precisa de renovação permanente.

Para não ficarem dúvidas, vamos a uma analogia:

DIQUE MENTAL

Imagine nossa mente como uma represa.

A água, que está contida pelas barragens, representará todo o nosso conteúdo mental, nosso Universo de Conflitos e Soluções. Nessa água represada, temos muitas coisas: peixes, lixo, vegetação aquática, ou seja, coisas boas e coisas que não precisariam estar ali. Bem, essas "coisas" seriam nossos pensamentos e ideias, em forma de informações e emoções que estão ali, assim como os peixes, para serem "pescadas" sempre que precisarmos. Imaginem, agora, uma fissura na parede da represa. A fissura seria os elementos do fator inútil, representados pela nossa impulsividade ou nossa omissão, ócio, apego, bisbilhotagem. Como sabemos, ela, a fissura, no princípio, é um ponto de caneta, mas a água vai começar a penetrar nessa fissura e irá, pouco a pouco, tomando espaço e aumentando a fenda, até que, apesar do tamanho e da espessura daquela construção sólida, a represa se rompe e não há nada que se possa fazer. A água vai arrastar tudo e não poderá ser contida. Pois bem, assim funciona a nossa mente. A fissura causada pelos elementos do fator inútil vai rompendo o nosso discernimento, o nosso controle emocional e, quando percebemos, todo o nosso conteúdo mental, principalmente aquele alimentado por nossas carências, expectativas, frustrações e sonhos não realizados, vai arrastar e engolir a nossa verdadeira identidade, que conquistamos através de nossa caminhada evolutiva e da qual já poderíamos desfrutar de forma plena. Assim como a água da represa arrebentou a barreira, não temos mais como segurar nossos pensamentos desconexos, e seremos açoitados, torturados pelos nossos medos e pendências, até que nos esgotemos por conta de nossos excessos. Então, podemos concluir que o melhor é evitar que se forme a fissura na parede da nossa represa mental, cuidando do que somos, em nosso dia a dia, com continuidade e disciplina. Trata-se da manutenção do nosso "clima pessoal", para evitar que o fator inútil rompa com o nosso discernimento. Os 5 Movimentos do Autoconhecimento são as ferramentas que evitarão que "fissuras" se transformem em "rachaduras" em nossas comportas mentais, e nos permitirão fazer manutenção preventiva, consolidando o fator produtivo através de inventários permanentes e contínuos do nosso "dique mental".

Releia, reflita; reflita e releia sobre o "dique mental".

Você construirá seu Universo de Soluções através do fator produtivo que estudaremos mais à frente, removendo condicionamentos, quebrando os paradigmas. É ele, sob a tutela constante dos 5 Movimentos do Autoconhecimento, que saneará e alinhará posturas, construindo uma ponte entre o que estamos e o que queremos e precisamos ser.

Bem, acredito ter dado a você uma base por onde tudo se inicia. No próximo capítulo, vamos conhecer e nos aprofundar sobre o fator inútil, seus cinco elementos e suas influências e consequências no nosso Universo de Conflitos.

CAPÍTULO II
FATOR INÚTIL: NOSSO UNIVERSO DE CONFLITOS

Quando não observamos e não refletimos, as redes de conexões da nossa mente ficam danificadas, entupidas, com falha na transmissão. Quando isso acontece, todas as informações sem seleção, acumuladas, começam a interferir no resultado das nossas ações. Quando nossos arquivos mentais estão desorganizados, deixamos de ser práticos, assertivos e produtivos e começamos a mergulhar apenas em nosso Universo de Conflitos; viramos seres prolixos, confusos e insatisfeitos.

É aí que começa o império da mente, conquista principal do nosso Universo de Conflitos.

IMPÉRIO DA MENTE

Em primeiro lugar, é importante entender que a mente não cria nada; ela não tem essa finalidade.

Ela deveria ser nossa empregada leal, limpa e disciplinada. Ela somente associa os elementos e os dados com os quais nós a alimentamos. Ela faz conexões e desenvolve o nosso mundo interno e externo, materializando o nosso estado de espírito, respaldado pela nossa ignorância e pelas nossas ilusões, revestido, ainda, pelos nossos desejos e ambições. Portanto, materializando o que somos, vivemos e sonhamos. Nossa tristeza ou a nossa felicidade são resultado de nosso próprio descuido ou desinformação.

LEMBRE-SE:
a mente é um emaranhado de milhões de impressões captadas pelos nossos sentidos, tais como sons, luzes, cores, imagens, costumes e condicionamentos arraigados, que adquirimos e absorvemos através do tempo. Nada lhe escapa. Ela absorve até aquilo de que não temos consciência plena. Todas essas impressões misturadas podem vir à tona, através de impulsividade, omissão, angústia, depressão e pânico, pois, associadas aos nossos movimentos, pressões e situações do dia a dia escorrem pelas nossas emoções, como pus de uma ferida.

Isso acontece pelo simples fato de vivermos sem critério e continuidade que é ter começo, meio e fim, com disciplina e alegria, ou seja, sem foco, divagando conforme nossas conveniências e interesses. Tudo na mente é condicionado ou passageiro, restando apenas lembranças e nada mais. Quer ver? Qual a cor e o tipo de tecido da roupa que você usava no dia 23 de maio de 2002? E o que você almoçou sete dias atrás? E os telefonemas que você fez ontem?

Por quê?

Porque, a cada dia, mês, ano e década, o passado se esvai, ficando armazenadas somente as lições repetidas durante muito tempo. Essas lições, se não forem renovadas, reinventadas e modernizadas, tornam-se uma bagagem desconfortável, cujos efeitos poderemos notar em rugas precoces, esclerose, solidão e caduquice. Assim como Roma, na Antiguidade, invadiu os países dos povos mais fracos, o império da mente invade a nossa felicidade, nossa privacidade, nossa vida profissional e familiar, principalmente nos momentos de fragilidade. Ele instala, sob seu domínio, a incerteza, a insegurança, a dúvida e o desespero; o pesadelo diurno e noturno, aniquilando-nos de todos os lados.

Mas, felizmente, a mente torna-se dominadora apenas e tão somente quando está sem o nosso comando e fora do controle de nossa vigilância. Quando, fruto da nossa deseducação, perdemos o discernimento. Logo, a mente é uma obra a ser bem edificada e construída sob os pilares da observação, com pedras da reflexão, muralhas do tomar atitude, fortificada com o agir e cimentada com a paciência, o saber esperar, pois não vamos nos livrar dela tão cedo.

Quando estamos nesse estado de confusão e emaranhado de pensamentos, perdemos a noção de realidade, não conseguimos distinguir as nossas verdadeiras necessidades e caímos em desolação, pessimismo ou, pior, LEID — Letargia por Excesso de Informação Desnecessária, que é o pano de fundo da famigerada carência ou vaidade excessiva.

Vamos falar um pouco sobre a LEID, mas, antes, quero que você conheça a história de:

Papamente Ticksgago

Papamente Ticksgago era uma pessoa muita querida e divertida. Trabalhador como cão de guarda, era um bem-sucedido agente de seguros. De uma capacidade intelectual a qualquer prova, seu QI, se fosse medido, com certeza, ultrapassaria os 220 pontos. Com 1,95 m de altura, era forte como um touro. Sua mente era como uma loja de conveniência: tinha de tudo, desde quantas sementes havia dentro de uma melancia até quantas dunas existem no deserto. Seu raciocínio era tão rápido que, quando respondia uma pergunta, os ouvintes se entreolhavam chocados, pois, para encurtar palavras, ele as expressava pela metade, às vezes, apenas um quarto.

Era um sábado ensolarado e estávamos em um grupo de sete pessoas, assistindo ao show:

— Papamente, diz aí para todo mundo: quantas estrelas tem uma galáxia? — perguntou um amigo que estava na roda.

— Nan... nan... nan... 150.000.000.000.

— E a distância daqui até a Lua?

— Nan... nan... nan... aproximadamente 300.000 km.

Todos aplaudiram, calorosamente.

— Diz aí, qual as medidas das pirâmides?

— Queops, Quefrem ou Miquérinos?

— Qualquer uma, vai lá... — dizia uma outra pessoa.

— Nan... nan... nan... Queops, a mais perfeita de todas, mede 230 m de base por 146 m de altura, que hoje, na verdade, mede 137 m devido ao desgaste do tempo.

— Não falei?! Não falei? O cara é demais, nem a velocidade do ar escapa dele — dizia outro.

— Essa eu duvido, quer ver? — dizia um terceiro. — O que é um pulsar, em astronomia, segundo o Aurélio?

— Esta é muito fácil — respondia Papamente. — Segundo o Novo Aurélio, Século 21, da Editora Nova Fronteira, página 1666, terceira coluna, a definição, é uma radioestrela emissora de impulsos que tem a duração média de 35 milionésimos de segundo e se repete a intervalos, extremamente regulares, de cerca de 1,4 segundo.

— Pô! O cara é um gênio mesmo — dizia outro.

Papamente se encolhia todo, ao receber os elogios e a salva de palmas do grupo de mais de dez pessoas que já se aglomeravam à nossa volta. Tudo ia bem...

— Diz aí, Papamente, quantas pipocas cabem num saquinho?

— Bem — respondeu Papamente —, se a pipoqueira for a sua mãezinha, em um saquinho de 150 g caberão 253 pipocas. Já em um saquinho de 200 g caberão 322 unidades, com um pouco de folga. Mas é claro que, com um pouco de esforço, caberão mais 12.

Papamente era de doer... de arrebentar...

— Qual a velocidade do som de uma bexiga estourada? — disse alguém na multidão, morrendo de gargalhar.

— Depende — respondeu ele, prontamente. — Se a festa de aniversário for de sua irmã, com certeza não ultrapassará a 2 m/h pois, pelo que sei, ela é pior que você em velocidade. É ou não é?

Olhe o detalhe: Papamente não percebia a hora de parar...

— Outra — dizia ele. — Vamos lá, vamos lá... Outra! Mais difícil, bem difícil...

— Quantos nomes têm na letra "A" da lista telefônica? — perguntou um grandão de meia-idade.

— De qual cidade, São Paulo ou Nova York?

A conversa estava indo de mal a pior quando, sob pressão incontida, rumor exagerado, Papamente começou a amarelar, seu corpo inteiro começou a tremer e ele desmaiou. Todos emudeceram. Papamente saiu carregado pelos companheiros ali presentes. O que quero dizer é que, apesar do seu QI, que é diferente de inteligência, e de seu raciocínio, rápido como uma flecha de Robin Hood, ele não estava sendo poupado pelo reflexo da natureza, que não permite excessos. Um ano depois, ele me avistou e saiu em minha direção.

— Do... Do... Doutor Pa... Paulo, e... eu gostaria de... de.... de... fa... lar... com... com... o Sr....

— Pois não, Papamente.

Papamente estava totalmente gago, cheio de tiques, e parecia um sinaleiro piscando no amarelo. Com a cabeça para cima e para baixo, o tempo todo, lembrava um ursinho de pelúcia de corda, tocando pratos em uma só direção. Pedindo-me explicações sobre uma batida de automóvel e os procedimentos jurídicos, deu-me a grata satisfação de três horas de conversa multidisciplinar. Na verdade, não era a gagueira o que mais o incomodava, mas sim os assuntos de economia, política, câmbio, exportação, cuidados com o gato, dieta para emagrecer... Tudo isso emendado como gomos de linguiça na boca do cachorro. Apesar do tranco, Papamente não tinha parado para refletir e se avaliar. O tempo passou e, depois de mais oito meses, eu o encontrei no shopping, em uma cadeira de rodas, empurrado pela esposa, de boca semiaberta e babando; lábios a 45 graus; cabeça raspada. Parecia estar amarrado em camisa de força. Seus braços, dependurados nas laterais, quase tocavam os pés. Olhos estalados, buscando lugar nenhum, dava a impressão de entender tudo, mas não falava nada. Expressava um leve sorriso, como dizendo: "Tô na onda, sacô?". O aspecto era de um dopado, mas jamais tocou em um cigarro ou coisa parecida.

— Papamente, como vai você?

— Uh... Ah... Oh... Shiuuu... Que...

— Perigossa, o que aconteceu com seu marido?

Perigossa era a esposa carinhosa e dedicada de Papamente. Ao ouvir minha pergunta, Papamente levantou o rosto e balbuciou alguns ruídos que, traduzidos, significavam: "Perigossa, esse é o Dr. Paulo, muito meu amigo. Gente Boa!". Dava dó de ver...

— Perigossa, o que aconteceu? — Retomei, realmente comovido.

— Inacreditável, Dr. Paulo. Tudo começou cinco anos atrás, quando ele quebrou a TV, com um soco, dizendo que tudo aquilo era besteira e que ninguém em casa assistiria à televisão; que programa de TV só servia para trazer más notícias e mulher pelada. Alegava que ele seria a fonte mais segura de informação para nossos filhos e que eles não iriam mais ao cinema e a lugar nenhum para aprender sacanagem. Internet nem pensar; trancava-se no quarto e toda noite alegava ser autossuficiente e que não precisava mais de parentes, vizinhos, tampouco de amigos. Que nada neste mundo valia a pena. Não leu mais jornais, revistas. Isolou-se, mantendo contato apenas comigo e com as crianças.

Aí estava o outro lado de Papamente. Seu universo de conflitos finalmente havia tomado posse.

— Teve ele algum derrame ou coisa assim? — questionei, interessado.

— Não, mas sua pressão nunca desce ao normal, nunca. Apesar dos remédios, para evitar coisas piores, ele não conseguiu mais falar.

— De repente? — perguntei, interessado.

— Não, não! Foi um processo lento e cada vez ficava pior. Começou com trocas de nomes; depois perdeu a noção do tempo e espaço. Sem conexão imediata, parecia um passarinho na boca de gato; monossílabos, gemidos... Meu Deus, que tristeza! Um dia perguntei a ele se queria jantar e ele me respondeu: "já tomei banho". De outras vezes perguntava: "Você quer um suco?" e ele respondia: "só se for na cama com Catarina". Catarina é nossa cadela, Dr. Paulo. De outra vez: "Vamos dar um passeio no jardim?" e ele respondeu: "ponha o Pedro e Doca na coleira". Pedro e Doca são meus filhos, mas ele estava se referindo aos cachorros da minha sogra, que ficavam em casa quando ela viajava e que ele ajudou a criar, desde pequeno.

— Não é um caso de psiquiatria?

— Não, Dr. Paulo, ele é muito lúcido o tempo todo, principalmente na cama. Quando fazemos amor, ele vira um demônio. Ele sabe o que fazer, quando está sozinho comigo.
— Então ele é normal.
— Troca tudo, o tempo todo, mas é normal.
— Ao que você associa isso?
— Papamente — disse ela — viveu a frustração de ser pobre, quando sonhou ser rico. Quis ser importante nos negócios da Bolsa, mas não foi. Tentou ser engenheiro, o pai não deixou. Queria casar com a Robelvina, porém ela se casou com outro. Quis ter duas filhas e teve dois filhos. Sonhou que eu fosse italiana, para lhe fazer macarronada, e eu só faço sanduíche. Quis conhecer Veneza, mas jamais saiu de São Paulo e Rio de Janeiro. Ele nunca soube como lidar com isso. Ótimo marido e pai, excelente vendedor, porém, péssimo administrador. Sempre me ameaçou de bigamia.

Constrangido, olhei para o Papamente e, de fato, ele tinha entendido tudo, pois olhando-me com cara de safado, balbuciou: "eu ainda vou conseguir, ah! ah! ah!".

Bem, final da história. Papamente fez um tratamento psicológico, aposentou-se prematuramente, vive normalmente sem tiques e sua gagueira diminuiu 50%. É um homem feliz. Conseguiu comprar uma pequena casa e, hoje, dois anos depois, tem um jardim maravilhoso. Suas verduras são de dar inveja a qualquer horticultor. Vou visitá-lo quase nunca, mas, antes de publicar a presente história, levei-a até ele. Foi a conta. Ao lê-la, ele deu tanta risada, mas tanta risada, que já não se sabia se ele ria ou chorava, pelas lágrimas que rolavam de seu rosto. Depois de cair do sofá duas vezes, virou-se e me disse:
— Dr. Paulo, apesar de anão, o sr. é um "building" homem, de vários andares e sem subsolo. Como foi que o sr. conseguir transformar um macaco gigante em história em quadrinhos?

Não entendi nada do que ele disse, mas estudei a situação e, no caso de Papamente, o excesso de informações desnecessárias fez dele um grande joguete. Conosco também é assim. Nossa vaidade não consegue resistir. É onde o discernimento desaparece e invertemos tudo, trocamos nomes. São nossas conexões em curto-circuito. O ser humano foi projetado para ser normal e não um computador eletrônico. Os sistemas podem ser até iguais, mas as funções são bem diferentes. Eu diria, até, invertidas: um manda, o outro obedece.

Temos que tomar muito cuidado com o que inserimos em nossa mente, pois, com certeza absoluta, mais cedo ou mais tarde, assim como a chuva que evapora em gotículas cai em tempestade, nossa mente, saturada de pequenas informações desnecessárias, nos levará a perder o controle de nossas emoções. Consequentemente, o comando de nossas vidas e, inevitavelmente, a assertividade em nossas ações.

A observação consciente, conectada com a reflexão, é o mecanismo natural para que possamos aprender com tudo, sem viver o todo. Aprender de tudo, mas separar o que não serve, pois, para registrar as informações excessivas, desnecessárias, existem disquetes, listas telefônicas, arquivos. Fora isso é pura vaidade que nos leva ao caos. Nossa mente, cujo conteúdo é o Universo de Conflitos e Soluções, pode tornar-se um ninho de víboras, sem o nosso devido cuidado. Mas também pode tornar-se um céu de brigadeiro, quando bem vigiada.

É importante dizer que informações para nosso crescimento técnico e espiritual nunca são demais, quando selecionadas com finalidade objetiva e bem direcionada. Entretanto, conhecimentos que jamais utilizaremos na vida prática, arquivados para demonstrações geniais, realmente podem ser dispensáveis.

O QUE É LEID?

LEID é Letargia por Excesso de Informação Desnecessária.

É a lentidão compulsória causada pela explosão do sistema de transmissão mental no nosso cérebro. Seus efeitos são semelhantes aos de um derrame cerebral. Você já observou que a água parada não move moinhos, mas cria miasmas? Que roupa sem uso produz mofo? Que atmosfera sem renovação cria bactérias? E a mente estagnada fica letárgica? É claro que sim!

Vamos refletir juntos. A mente é uma fonte inesgotável de recursos renováveis; é um arquivo imensurável de informações, códigos e lições. É um universo de espaço disponível e pronto para nos ajudar a superar nossos limites. Assim, podemos concluir que, tal como uma criança, a mente precisa ser renovada, cuidada, alimentada, vigiada, para que ela possa crescer e expandir em sabedoria, ou seja, com virtude e bom conhecimento. Ela é uma eterna criança, esperando novas lições de aprendizado, apenas dependendo do professor que a ensinará, bem como do método e do critério utilizados.

Como disse um sábio na Antiguidade: "Não entrarás no reino dos céus, se não fores como as crianças". É o mesmo que dizer: não conquistarás o sucesso, a felicidade, a serenidade, se não te renovares a cada instante. Em outras palavras: buscar soluções novas para problemas antigos; saber ouvir, sanear e aprender; ser puro, não ter má-fé e não bisbilhotar a si mesmo nem aos outros. Nossa mente quer aprender, absorver, perguntar, buscar novos conhecimentos a 360º.

Aprenderemos de qualquer jeito, mesmo de forma atropelada, sem censura ou ordenamento. É como um curto-circuito na lâmpada acesa: todos ficam no escuro e tudo pára.

LEMBRE-SE:
A LEID é um estado mental que pode ser privilégio de qualquer um de nós, se não ficarmos bem atentos e não pararmos com aquelas valentias intimidatórias e cheias de intempestivas manias de sabichão. A mente é como dinheiro, não aceita desaforo, tampouco desatenção.

Então, podemos concluir que a "estagnação mental" a que nos referimos nem sempre tem, como causa, a lentidão de raciocínio ou a falta de inteligência, e sim o excesso de informações e a aceleração do nosso ritmo, sem a devida reflexão. Porém, de uma forma ou de outra, sempre traz, como consequência, a improdutividade mental e física. Conheça, a seguir, alguns dos sintomas da LEID:

- esquecimentos precoces e contínuos;
- bloqueio de raciocínio;
- reflexos retardados;
- trocas constantes de nomes;
- olhares ao infinito, perdidos no horizonte;
- perda de direção;
- língua enrolada;
- linguagem rebuscada nos assuntos mais simples — prolixidade;
- tiques nervosos;
- babação;
- gagueira.

Bem, como vimos, o império da mente é o reino perfeito para o fator inútil, e uma das cidades conquistadas é a LEID. O fator inútil é a receita do bolo para confeccionarmos o nosso Universo de Conflitos. Para começarmos a entender melhor o fator inútil, gostaria que você, primeiro, respondesse uma pergunta:

Você está sendo produtivo? Quero dizer, você está sendo útil o tempo todo?

E o que é ser produtivo, ser útil?

É estar em movimento, por dentro e por fora, direcionando nossa vida para um determinado fim edificante e dando o melhor de nós, de maneira calma e serena, ou seja, dentro de nossa cadência.

No capítulo anterior, vimos que produzimos um quantum de energia por dia. Segundo minhas observações, apenas 20% dessa energia produzida diariamente é usada de forma produtiva. Os 80% restantes são consumidos pela nossa mente, com trabalho intelectual indevido, em pensamentos desconexos e com excessos de todas as espécies: no falar, comendo; no comer, falando; no movimentar do nosso corpo, tornando-nos fantoches de nosso próprio circo mental. Um desperdício de energia sem precedentes, que levaria qualquer distribuidora de energia à bancarrota! Ou seja, 80% de nossa energia é desperdiçada com aquilo que vamos chamar de fator inútil, portanto, energia que esbanjamos inadequadamente com os nossos excessos, sem absoluta necessidade.

Outras questões: quanto tempo do nosso dia pensamos em nós mesmos e quanto tempo desse mesmo dia pensamos nos outros?

E mais: o tempo que pensamos em nós acontece de maneira produtiva?

E, ainda: o quanto pensamos nos outros, de forma saudável ou de maneira volátil, pela metade, e mal feito? Lembre-se: tudo necessita de energia, tudo! Cada clipe que você levanta do chão, cada palavra falada, cada música ouvida: em tudo e para tudo consome-se energia.

O modo como penso em mim ou nos outros ou, ainda, como eu realizo todas as coisas em minha vida é o que determinará a minha capacidade produtiva ou não.

LEMBRE-SE:
nossa energia tem peso, volume, densidade e força; força que constrói ou pode destruir.

É ela o motor da nossa vida, que faz o nosso destino. Nosso destino é feito por partículas de gestos, pensamentos, reflexões e ações que, se usados de maneira produtiva, nos levarão à conquista do sucesso. Mas, se usados de maneira errada, mal direcionada, portanto, improdutiva, nos tornarão um belo fiasco; um fracasso, cujo presente será uma cesta cheia de arrependimentos, remorsos e futilidades. Um bebê choroso, em busca de consolo. Seremos aquele aposentado que, ansioso, esperou a vida inteira pela pensão vitalícia, cujo maior desejo era pescar com os netos. E, no final da vida, descobriu que a pensão era só um pirulito e que poderia ter conquistado uma grande sorveteria. Como podemos conquistar a serenidade, se não temos um inventário de nós mesmos? Inventário nada mais é que o balanço de todos os nossos movimentos em nossa vida, até hoje. Ah! A propósito, você já fez algum?

Com certeza, segundo minhas pesquisas empíricas do comportamento humano, se os 80% da energia que produzimos a cada 24 horas forem consumidos pensando nos outros, ou de maneira errada, fossem usados para produzir para nós mesmos, na busca da autogestão, nossa capacidade produtiva aumentaria, no mínimo, em quatro vezes. Dizem que o homem só utiliza 10% de sua capacidade cerebral. Eu diria que o homem utiliza menos de 1% de sua potencialidade produtiva integral.

RESUMINDO:
ninguém poderá alcançar o comando da própria vida se não produzir, consumir e administrar a energia partindo de si mesmo; se não administrar seu Universo de Conflitos e Soluções. Assim como o sol, centro do sistema solar, irradia luz, calor e vida, que nunca faltam, eu somente darei aos outros, realmente, quando não mais faltar em mim; quando for natural, espontâneo e real. Até lá, é somente treinamento para a autorrealização.

Mas por onde começar?

1. Observar a mim mesmo; meus gestos, altura da voz, modo de sentar, comer, beber, falar. Infraolhar os pensamentos, ideias, sentimentos de radicalismos, discriminação, entre outros.
2. Refletir sobre tudo de mim mesmo o tempo todo.
3. Tomar atitudes internas, saneando dúvidas, pendências, sobrecargas, omissões.
4. Agir, "botando pra quebrar", saindo do marasmo.
5. Saber esperar trabalhando, trabalhando, trabalhando... refletindo mudanças e observando os resultados.

No dia em que o homem educar seus pensamentos e aprender a administrar seu Universo de Conflitos e Soluções, ele viverá, seguramente, 40% mais que hoje. E feliz! Autorrealização é proporcional ao pensamento produtivo, à eliminação do fator inútil; tornando o homem, assim, um ser compacto.

CONCLUSÃO:
todo desperdício de energia, ou seja, tudo aquilo que não utilizo para meu crescimento e para o bem do todo, pode ser considerado fator inútil.

5 ELEMENTOS DO FATOR INÚTIL

É toda energia desperdiçada, sem direção, que eu gasto comigo mesmo ou com os outros, em movimentos internos ou externos.

É o conjunto de ações, tanto mentais como físicas, que não trazem nada de produtivo, levando-nos ao vazio. Mais cedo ou mais tarde, a energia desperdiçada nos levará ao desgaste, à inutilidade e, consequentemente, ao fracasso, como seres humanos, profissionais, pais etc.

No capítulo anterior, vimos que nosso fracasso é a falta de comando sobre nossas ondas de vibrações (pensamentos), que saem de nosso controle. E que o nosso clima pessoal é a nossa impressão digital no universo invisível que nos rodeia.

Tudo na natureza é cíclico. Nós também deveríamos ser cíclicos. A cada segundo, nós não somos mais a mesma criatura. A cada 24 horas, somos seres renovados ou "desrenovados". Mas os nossos pensamentos fora de controle, "deitando e rolando" em nossa mente, criam um circuito de cinco elementos do fator inútil que, encadeados, desenvolvem-se de maneira sorrateira, armando um boicote contra nós mesmos.

Vamos a eles? Bem, nosso primeiro fator inútil é o ócio.

Ócio

É a estagnação do nosso movimento interno.

É a força de vontade invertida, a serviço da desgraça.
Responda-me uma pergunta:
"O que acontece com a água que fica parada, seja ela de chuva, do vaso, do latão, tratada ou não?"

Apodrece. Pois bem, o ócio encontra espaço para germinar e degenerar a nossa mente que, como vimos, precisa de constante renovação. Quando a mente está estagnada, presa e sem movimento, nasce o ócio, pois seu conteúdo, o Universo de Conflitos e Soluções, implode, fazendo de nossos dias um monumento histórico, ou seja, grande, volumoso, pesado, velho e sem nenhuma utilidade prática.

No ócio, a pessoa fica anulada e, para cada ação que ela imagina ter, coloca um obstáculo. É a perna manca da preguiça. Posso até me mexer por fora, mas estou estagnado por dentro. Meus membros se movimentam por fora, mas estou inerte internamente. Músculos fortes, no físico; fragilidade e inconsistência, intimamente.

A mente sem renovação, sem movimento, leva o ser a se apegar ao que lá existe: seja uma coisa boa ou ruim, porque perdeu a referência e esqueceu de se reinventar.

Bem, aí nasce o segundo elemento do fator inútil: o apego. Mas o que é o apego?

Apego

É tudo aquilo que nos escraviza e que nos traz sofrimentos desnecessários, impedindo a nossa reinvenção no tempo e no espaço.

É o cão do passado, rosnando no presente e nos mordendo no futuro. É a fixação em algo ou alguém, limitando nossos movimentos, nossa liberdade, nos impedindo de crescer e expandir. Não deveríamos nos apegar a nada. Infelizmente, o homem perdeu a medida das coisas. O problema está nos reflexos que surgem com o meu apego, pois, na exata medida em que eu estiver apegado, eu serei uma pessoa infeliz; logo, improdutiva. E, na mesma proporção da minha desmotivação, mais cedo ou mais tarde serei levado ao fracasso na autogestão.

É importante dizer que a autogestão é fruto da boa administração de nossas emoções, alicerçadas pelos atritos provocados pelos movimentos de nossa vida, que nos conduzirão ao comando de nós mesmos. Em outras palavras: é o licor da nossa "ralação" com o mundo no dia a dia. É ter cavalos de raça em uma mesma carroça, trazendo potência, velocidade e resistência, para o que der e vier.

O apego pode se materializar em forma de lembrança de outros tempos, roupas e sapatos do século passado, que já não utilizo mais, ou mesmo a vitória ou derrota do meu time de futebol no campeonato de 1960.

Até mesmo o apego a nossas frustrações, fracassos e perdas em geral nos enclausura e alimenta o nosso Universo de Conflitos. E, muitas vezes, nos leva à fixação ou ao fanatismo, que é perder o discernimento e o limite de todas as coisas.

O apego, em toda a sua extensão e consequências, é sempre uma das fontes da improdutividade. Não querer acompanhar as mudanças e retalhar nosso crescimento, por comodismo e preguiça, é apego provocado pelo ócio.

Mas, como estamos falando de improdutividade, acho de bom-tom, para darmos um *relax*, entender se estamos sendo produtivos ou improdutivos. Vamos lembrar o que é produtividade?

PRODUTIVIDADE é dar vida aos nossos movimentos, internos ou externos, colocando-os em harmonia com o todo, o tempo todo, para o bem do todo.

É o resultado de ações diárias, realizadas de forma organizada e simples, mas que movimentam o trabalho eficaz para o bem de todos. Movimento moderado, mas que gera maior harmonia no ambiente, com resultados alicerçados na reflexão, cujo sucesso é sempre seguro. Ela cria um movimento independente, só nosso. Integra o interno e o externo. Ela acontece quando há um envolvimento conectivo com o todo, nem sempre aparente, externo, mas sempre interno, portanto invisível: começa em cotar os excessos de café, pegar um clipe que vemos jogado no chão, na maneira elegante e educada como falamos com as pessoas. Assim como o oceano é feito de gotas e o incêndio na floresta começa de uma faísca, tudo em nossa mente, conflitos ou soluções, começa com pequenas atitudes. O ser produtivo torna-se naturalmente criativo e autorrealizado. Onde ele põe a mão, surge a luz; onde ele fala, surge a esperança; onde ele age, revive a plenitude e onde ele está, nasce o sucesso.

Voltando ao apego: somos tão condicionados que nos apegamos até às coisas que nos fazem sofrer e nos causam dor. Muitas vezes, temos a sensação (falsa, é claro) de que aquilo é bom, que preenche nosso vazio e nos apegamos a ela. Imagine ser apegado à dor? Mas é exatamente assim.

Vamos falar um pouco sobre a dor?

DOR é resultado da sensação de perda, que congela o fluxo natural de energia, provocando constrangimento no ser e inibindo a força interna.

A dor pode ser um lenitivo para a carência que, sem o devido cuidado para eliminá-la, transforma-se em sofrimento. Ela, a dor, pode ser inevitável, mas o sofrimento é sempre uma opção. Estamos nos referindo à dor emocional, aquela que dói mais que amputação de perna sem anestesia.

Mas e o sofrimento?

SOFRIMENTO é o apego pela dor, que nos conduz à autopiedade.

É o filho "ilegítimo" da dor que, agindo como sua extensão, por falta de preparo e profunda reflexão, anula nosso movimento natural interno, trazendo-nos, como consequência, uma falsa sensação de compensação, para justificar ou manter o estado em que estamos: a autopiedade.

O sofrimento é filho legítimo do fator inútil.

A dor é um movimento natural da vida; é um grito do universo nos obrigando a crescer. Sempre podemos interromper a dor antes que ela se transforme em sofrimento. A dor aparece para nos convidar a passar de ano na escola da vida; porém, quando não estudamos as lições de casa, podemos repetir o ano; sendo obrigados a fazer tudo de novo. A vida transforma-se em um grande sofrimento.

É muito raro, diria raríssimo, estarmos preparados para os acontecimentos inesperados da vida. O momento seguinte é sempre desconhecido; a dor é o impacto abrupto de uma situação que vai contra o nosso querer e os nossos princípios. O fato é que, aparentemente, aquilo aconteceu na hora errada, de maneira errada, pela pessoa errada, poderíamos ter evitado, de uma forma ou de outra. Mas, na maioria das vezes, aquilo foi provocado por nós mesmos.

Esses impactos inesperados, que vão contra o nosso alinhamento de hábitos, tradições, rotinas e condicionamentos (tais como: a morte, a perda do poder ou da riqueza), podem nos assolar durante a vida, através do remorso, arrependimento, revolta e tristeza, pois nos apegamos àquilo que tínhamos como certo e duradouro (ou eterno); não temos consciência de que tudo isso são movimentos que nos fazem amadurecer e crescer. É o coice selvagem dado pelo cavalo, dentro de nossa própria cocheira. É o pontapé no traseiro, quando eu estava sem calça, sentado na bacia do banheiro, descansando.

A vida sempre nos chama, no ponto em que paramos ou emperramos em nosso aprendizado. Esse crescimento e amadurecimento de retomada traz a nossa sabedoria, a luz interna, para a expansão espiritual. Isso sim é eterno. A diferença entre os fracassados e os sábios é que os primeiros não sobrevivem aos seus erros do passado e morrem com eles. Os sábios passam por cima dos erros, perdoando-se, refletindo o tempo todo, e aguardam o tempo necessário, com calma e serenidade, para colher os resultados das suas escolhas. Jamais devemos esquecer que a vida é uma escola que só nos traz benefícios; é só saber aproveitar bem as aulas. E a primeira lição que devemos aprender e praticar é o autoperdão. E jamais faltar às aulas. É o primeiro passo para a autocredibilidade, da qual falaremos mais à frente.

Por desconhecermos os mecanismos da vida, a dor suscita, em nós, a revolta, o medo, a insegurança, a autopiedade, enfim, todos os flagelos humanos; aqueles fantasmas que nos perseguem dia e noite sem cessar. Nossa mente grava as impressões de dor e constrói o seu império, fazendo-nos acreditar que aquilo tudo nunca vai passar; que aquilo é verdadeiro e para sempre, transformando-nos em joguete do que já passou. O passado vira presente e, sem reflexão profunda, consolida-se no futuro. A partir daí, a dor passa a ser sofrimento, transformando-se em combustível que alimenta a impulsividade e a omissão. É o começo do fim.

Acontece que a dor que sentimos mexe com nosso orgulho e vaidade e, em 95% das vezes, envolvidos pelo sofrimento, não percebemos a gravidade e inutilidade dessas emoções, que não nos levam a nada e que provocam a sensação de que podemos devolver com a mesma moeda, tirando-nos do foco, do norte, da direção para onde deveríamos seguir. É a ponte que quebrou e o rio está infestado de piranhas.

Daí em diante, ao invés de encontrarmos o caminho mais curto, alongamos ainda mais a nossa caminhada. E o nosso destino, que deveria ser construído por nós, sofre intervenção dos outros. São esses tipos de acidentes de percurso que complicam nossa vida. Fazer nosso destino é ser prático, simples, fazer o que tem que ser feito, o tempo todo, onde for e para o que for, de forma inteiramente refletida. Caso contrário, não é construir destino, mas sim contornar problemas e isso ninguém precisa ensinar: é só fazer nada e deixar as coisas rolarem, sem controle, sem metas e sem direção. Nosso destino final é sermos pessoas de sucesso. Comandar nossas vidas com pouco ou com muito; do "nada" para o "suficiente".

Ainda falando da dor, é importante dizer que a decepção com os amigos nos causa a mágoa, a infidelidade nos traz o desgosto, a traição e a deslealdade nos trazem a revolta e outras emoções indesejáveis, o que pode ser inevitável. Porém, essas emoções, se alimentadas, passam a fazer parte de nós, e sua continuidade, durante dias, meses e anos, passa a ser sofrimento. E é aí que está, portanto, o grande problema, pois a opção de transformar a dor em sofrimento é sempre nossa. E o pior é que essas emoções passam a ser nossas amigas. Comemos, bebemos, dormimos e lá estão elas, nossas companheiras inseparáveis. A relação passa a ser tão íntima que não conseguimos mais viver sem elas. É muito estranho.

É uma coisa que nos faz mal, sabemos disso, mas ela alimenta nosso ego, tornando-se um meio de comunicação com o mundo exterior, o mundo que habitamos. É o motivo errado para alimentarmos e desculparmos nossa carência ou, ainda, a nossa incompetência. E que acreditamos ser bom, pois temos a atenção de todos. Só não percebemos que a atenção a nós dispensada pode ser de brincadeira, não construirá nada e um dia vai acabar. É tudo faz de conta; mas muitos acreditam, mesmo, que aquele cenário é de verdade. Temos que ser realistas: ninguém tem a obrigação de aturar e aguentar as nossas infinitas reclamações e queixas. Quanta falta de maturidade nossa! Se refletirmos, com profundidade, descobriremos que podemos nos tornar pessoas sensatas, serenas e, principalmente, ouvintes e não falantes; procuradas e jamais evitadas. A partir do momento em que estamos vivendo a dor, devemos escolher entre dois caminhos.

No primeiro, alimentamos o espírito de vingança, a revolta, a autopiedade, e perdemos nosso tempo, inutilmente; perdemos amizades e pessoas queridas; reclamamos pelos cantos e nos tornamos mendigos emocionais, implorando uma migalha de atenção. Para isso, a receita é: não fazer nada, deixar como está para ver como é que fica. E *adiós, muchacho*!

No segundo, que é o mais difícil e vai exigir mais de nós, é hora de crescermos, absorvermos o impacto com dignidade e não deixarmos que a dor transforme-se em sofrimento. Abaixo estão algumas dicas para evitar que isso aconteça:

1. Refletir profundamente sobre os fatos ocorridos: há quanto tempo aconteceu? Onde tudo começou? Onde e por que eu errei? Por que eu não me perdoo? Aonde isto vai me levar?

2. Relembrar os fatos com detalhes e fazendo o certo, mentalmente, pela ação transformadora, no ponto em que erramos.

3. Mentalizar as imagens negativas, como se fosse em uma lousa brilhante em nossa tela mental e passar, nela, o apagador, detalhando as imagens. Elas irão embora sozinhas, sem nenhum esforço especial (ação transformadora).

4. Mentalizar os envolvidos por uma luz rosa, azul, lilás, vibrando amor, sempre.

5. Observar, atentamente, nossos movimentos internos e externos, vigiando nossos pensamentos 24 horas por dia, neutralizando os pontos negativos.

Fazer esses exercícios, diariamente, duas vezes por dia, durante noventa dias. Se possível, no mesmo horário e local, e o tempo que puder mas, no mínimo, cinco minutos a cada vez.

A dor pelos próprios erros está sempre no passado. Temos que reaprender que errar faz parte do processo. O que não podemos admitir é a má-fé, pois ela é um movimento contrário ao do universo livre.

Veja que a natureza e seu Inventor jamais punem, apenas educam. O Inventor da Vida fez leis únicas e imutáveis e, quanto mais me afasto delas, mais eu sofro. Logo, podemos concluir que a dor pelos erros cometidos, por ignorância ou com a intenção de crescer e aprender, também faz parte da vida produtiva. Podemos perder o ânimo, mas jamais o foco, com começo, meio e fim, pois isso é que cria em nós fibra interna, que é a capacidade de absorver os impactos da vida com naturalidade.

LEMBRE-SE:
errar de boa-fé é aprender, mas errar de má-fé é, sempre, retroceder.

Na mesma proporção em que estou preso ao passado, pelo apego, estará a minha dificuldade de ver o futuro. E envelhecerei precocemente, pois, nas contínuas atitudes imaturas diante da vida, perdemos a capacidade de enfrentar a realidade do dia a dia e nos envolvemos com problemas que não são nossos nem dos outros; são "problemas de ninguém". Dessa maneira, as pessoas envelhecem, engordam, perdem o conforto interno e, finalmente, a agilidade de raciocinar e encontrar soluções simples para problemas complicados. Bem-vindo à LEID.

Na mesma proporção em que estou parado no passado, crescerá a minha dificuldade de adaptação à modernidade, ao futuro.

LEMBRE-SE:
tudo o que está fora de nós, aquilo que podemos ver e sentir com os cinco sentidos, é o reflexo do que somos e temos por dentro. O contrário também é verdadeiro: quanto maior o desapego, menor a dependência e, como consequência, maiores a liberdade, a maturidade, a capacidade de realização, o amor e, com certeza, maior o sucesso!

É importante saber que, tanto no ócio como no apego, necessita-se da força de vontade redirecionada. Nestes anos de pesquisa, pude observar e concluir que a força de vontade também gasta energia. O que não dá para entender é como gastamos nossa energia e utilizamos nossa força de vontade contra nós mesmos. Mas também pesquisei isso e descobri que o que causa isso é o "gene milenar" da seguinte tradição: ócio é sinônimo de descanso ("já ter" e "não precisar fazer") e existe uma confusão entre renúncia e omissão; renúncia é recuar com ponderação esperando o momento de avançar — isso é sabedoria. Já a omissão é um ato de abandono do barco no meio do oceano, esperando que ele afunde, fugindo da realidade — isso é covardia.

Constatei, ainda, que, desses dois elementos, o ócio e a omissão, nascem a suscetibilidade e o melindre, que nada mais são do que a força de vontade aniquilada. E o mais interessante é que a força de vontade abalada desenvolve o terceiro e pior elemento do fator inútil: a bisbilhotagem.

Bisbilhotagem

É premeditar ações contra o outro ou contra nós mesmos; é cuidar da vida alheia e não cuidar da nossa.

É um gasto de energia com pensamentos, armações inúteis, tirando nossa clareza mental e a verdadeira percepção da realidade. É uma autoconsumação de energia e a destruição da nossa serenidade. É um movimento sobre o qual não tenho mais controle. "Não quero, mas fiz"; "tento evitar, mas...". Aí vem a dificuldade de acionar a força de vontade para mudar o rumo.

A bisbilhotagem é uma espécie de omissão ou impulsividade, que se reveza em nossos movimentos desconexos. Muitas vezes, é a covardia de não dizer na cara para quem deveria; e, outras vezes, é o "despejar" na cara de quem não deveria, mesmo que seja eu mesmo.

BISBILHOTAGEM é o ninho da sacanagem, cujos ovos da omissão e da impulsividade têm, como galinha chocadeira, a traição, a fofoca, a deslealdade, a armação ou a autodestruição.

Podemos dividi-la em dois tipos: interna e externa. A bisbilhotagem interna são nossos anseios e desejos sem conexão. A bisbilhotagem externa é a forma como eu materializo a explosão desses anseios e desejos.

BISBILHOTAGEM INTERNA é gastar parte de minha energia para maquinar, o tempo todo, um jeito de tentar "crescer e aparecer" na vida, em cima das desgraças e defeitos alheios.

É o famoso jeitinho mundial. É aquela que eu pratico comigo mesmo. Pode ser o mergulho na culpa por algo que já passou e que não podemos mudar. É "choramingar o leite derramado". É a famosa autochantagem emocional. É, ainda, a tortura interna, com detalhes e pendências que, por falta de iniciativa própria e senso crítico, tornam-se maiores do que eu mesmo. E não tomo uma atitude para dar a reviravolta em minha vida, que já teria plena condição de assumir. É quando eu acho que sou sempre a vítima: "Oh, vida! Oh, Céus! Oh, Azar!". É o cachorro correndo atrás do próprio rabo: não chega a lugar nenhum. É a própria desgraça em busca da desgraça. É a busca do autoflagelo, justificando o fracasso.

LEMBRE-SE:
paro, logo, consumo energia; penso, logo, consumo mais energia; ajo, logo, consumo ainda mais energia; ou seja, parado ou não, eu consumo energia. Assim, se eu direcionar meus movimentos externos ou internos, produzirei muito mais. Se eu educar a minha energia produzida, através da força do querer, acordarei a minha força de vontade... Força do querer é o trovão da autopropulsão; é a faísca da alma; é o querer de verdade.

Vamos identificar alguns sintomas da bisbilhotagem interna:

- contas altas de telefone — lamentações compartilhadas;
- excesso de perfume — meu olfato "foi pro brejo";
- guarda-roupas superlotados;
- compras inúteis — seja um grampo ou a Estátua da Liberdade;

- falar consigo mesmo — autobisbilhotagem e perda do controle mental;
- balangandãs na orelha, piercing e joias em excesso — perda da noção do ridículo (consideramos aqui, ridículo, todo excesso que agride o corpo humano, que nos foi dado de graça e não sabemos valorizar, e excesso é tudo aquilo que não precisamos, mas insistimos em fazer, por carência fora do controle);
- autopunição, insônia, medo;
- apegar-se a pessoas, coisas, emoções, paixões, fotografias, roupas antigas;
- desculpar-se consigo mesmo de todo o seu fracasso;
- ideias pessimistas, mesmo aquelas sem maldade;
- armação contra si e contra os outros, o famoso "preparar a cama";
- exigências absurdas consigo mesmo — autoflagelo, regimes desmesurados e exercícios que agridem o corpo desnecessariamente;
- inveja, ciúme, ódio, raiva, autopiedade;
- suscetibilidade, melindre de dar dó;
- amar mais os animais que seus próprios filhos e pessoas;
- dormir com animais de estimação;
- cultuar a própria imagem.

E qual o limite para identificar os excessos? Todo ser humano sabe o que é quente e o que é frio, o que é líquido ou gasoso, baseado nisso, todos temos o senso de limite, e todos os seres humanos sabem o que é certo e o que é errado. Mas o que o deixa cego é a carência, o medo de ser excluído e a vaidade excessiva. Na juventude vale tudo e tudo é pouco, porém nos esquecemos de que o tempo passa e quando envelhecemos as marcas dos excessos não desaparecem. E como vamos conviver com isso? Será um problema de cada um.

RESUMINDO:
**bisbilhotagem interna é a autobisbilhotagem, aquela em que quando não encontrei "nenhum Cristo para matar", então resolvi matar a mim mesmo; é autofofoca, armação.
É a masturbação mental.**

BISBILHOTAGEM EXTERNA é cuidar da vida dos outros, contra os outros, usando a participação de terceiros.

É cuidar da vida alheia, com alheios. É a fofoca em grupo. É ficar o tempo todo fiscalizando outrem, esquecendo de gerenciar a mim mesmo. É a inveja a serviço da mentira e da comiseração. É o ciúme, a justificar a minha impotência, tramando com terceiros. É a cobiça a serviço da incompetência. São as lágrimas de crocodilo para justificar a minha frustração em cima de todos os motivos, pessoas, coisas, governos e que nada constrói. Pura consumação energética, sem produtividade. Esquecendo que tudo que eu tramar contra alguém, sempre irá voltar contra mim através de terceiros ou pelas minhas contradições. Não se engane, conviver com as emoções é manter a boca fechada e a língua relaxada e a mente equilibrada. É necessário autoconhecimento 24h por dia.

Vamos a alguns sintomas da bisbilhotagem externa:
- encontros desnecessários a serviço do engodo;
- repreender os filhos sem necessidade;
- mentir para se autopromover;
- choramingar detalhezinhos no ombro alheio;
- roubar tempo alheio com conversa fiada;
- copiar, imitar, censurar, falar mal das pessoas pelas costas;
- espalhar notícias ruins;
- divulgar a desgraça alheia;
- exagerar para se notorizar;
- rir, gargalhar para aparecer;
- especulação de todos os tipos;
- usar roupas, pinturas que nos tornam ridículos e causam constrangimento alheio;

- programas de TV que não agregam informações práticas e valores ao nosso dia a dia e aumentam nossa futilidade;
- ler revistas com a finalidade de me atualizar da vida de figuras importantes, para ter assunto no outro dia e encontrar o que fazer.

RESUMINDO:
bisbilhotagem externa é quando encontrei um trouxa para falar dos outros, falar o que não devia, daquilo que não precisava, na hora indevida.

Veja outros tipos de bisbilhotagem, que constroem o fator inútil. São movimentos que interpõem uma situação e outra, quando estamos em atividades:

- pensamentos soltos e indefinidos;
- dúvidas;
- excesso de internet, sem razão ou propósito definido, sem foco;
- pena de si mesmo — autopiedade, reclamações;
- acumular informações desnecessárias, não repassá-las e usá-las para autopromoção;
- maquinações maldosas, em grupo, para destruir ou ridicularizar os outros;
- desculpar-se e justificar-se o tempo todo, para conquistar simpatias ou vantagens;
- sonhar com o impossível — comprar o Empire State, ganhando na loteria;
- iludir-se e fantasiar, mentir, mentir, mentir!
- acreditar em Papai Noel;
- insinuar levianamente, com um toque de inteligência — o famoso "raposão";
- blasfemar, praguejar;
- criar imagens mentais negativas de conquista e sensualidade degenerada;

- viver como personagens de cinema e TV, tentando imitá-los, é pura imaginação lúdica, acredite, não vai dar certo.

Tudo isso consome energia, desviando-a para lugares indevidos, de forma indevida, para um fim indesejável. São esses alguns dos acessórios, digo, situações que consomem tempo, dinheiro, corroem amizades, destroem famílias e nos causam desgraças imensuráveis, tirando nossa paz interior.

Os elementos do fator inútil levam ao descontrole emocional e, consequentemente, à falta de comando da mente; tornando-nos pessoas confusas, prolixas e enroladas. É hora de parar! É hora de se reeducar e aproveitar o tempo que nos é dado com uma vida mais produtiva. Para que ela seja mais produtiva, precisamos parar de ser fúteis, crianças mimadas, e amadurecer. Precisamos nos deparar com o trovão da autopropulsão, com a força do querer.

Para identificar o fator inútil em forma de bisbilhotagem interna e externa, vamos conhecer Dona Fininha e entender o que isso pode provocar, desnecessariamente, em nossas vidas.

LEMBRE-SE:
a bisbilhotagem quase sempre começa por uma brincadeira sem consequência ou, ainda, uma fofoca sem maldade.

Leia esta!

Dona Fininha — a bisbilhoteira

Era uma segunda-feira, chuvosa, quando fui surpreendido em nosso portão, pela buzina alucinada de um Mercedes último tipo. Era Dona Fininha que, sem hora marcada, entrava em meu escritório para uma consulta jurídica. Dois funcionários precisaram ajudá-la a entrar na minha sala, cuja porta era de duas folhas. Fiquei em alerta: "O que era aquilo?". De óculos escuros, apesar do tempo chuvoso, ela trajava uma capa roxa estampada de papagaios colo-

ridos de todas as formas e tamanhos. Por baixo da capa, compunha o harmonioso conjunto uma blusa vermelha de gola branca. Sua calça lilás era adornada por um cinto verde de fivela de caubói. Anéis não faltavam em nenhum dos dedos. Mas o que me deixou mais impressionado foi o tamanho do broche: 10 cm de diâmetro, escrito em letras fluorescentes "sou um vencedor".

Sorrindo e, diga-se de passagem, um sorriso a la Bozo, cumprimentou-me em tom de autopiedade:

— Bom dia, Dr. Paulo!

— Seja bem-vinda à nossa casa, Dona Fininha! — Ela era alta, 1,80 m, bastante arejada no falar, mas difícil de se acomodar: pesava 114 quilos.

Nossa infraestrutura foi pega de surpresa. Observei que os olhos dela marejavam, suas mãos suavam e suas pernas não paravam de se mexer. A ansiedade dela estava a mil.

— Tudo bem, Dona Fininha? — indaguei, preocupado.

— Tudo bem, Dr. Paulo, acredito que os degraus de sua escada me causaram um pouco de enjoo.

Mentira. Nossa escada é tão pequena que nem mesmo a Dona Fininha poderia reclamar. Duas horas se passaram e...

— Bem, Dona Fininha, acho que chegamos ao final. Quero agradecer sua visita e a procuração Ad-judicia...

— Dr. Paulo, como estudioso do comportamento humano que o senhor é, preciso de seus conselhos.

— Pois não, Dona Fininha, pode falar...

— Como faço para emagrecer? — perguntou ela, torcendo as mãos.

— Feche a boca. É simples — disse eu.

— Mas, Dr. Paulo, não é tão fácil. Já tentei tratamento, regime, psicólogo... já tentei de tudo! Acordo, todos os dias, angustiada, deprê, neura, com uma ansiedade à flor da pele. Não consigo tirar o dedo da buzina e nem respeitar o sinal vermelho, já virei piada de salão. Fazer compras no shopping, tomar chá das 5, trocar de carro, medir minha pressão e subir na balança já não me causam mais emoção.

Dona Fininha era muito bem de vida, porém, muito infeliz; ela tinha apenas trinta anos de idade, dois casamentos desajustados, mas uma imaginação tão fértil, que até o rio Nilo se sentiria prejudicado.

— Como é sua alimentação diária, Dona Fininha?

Não houve constrangimento, e ela começou:

— Bem, de manhã, no café, não como nada; apenas 1,5 litros de suco de melancia ou mamão, que, como o sr. deve saber, é diurético; uma omelete com cinco ovos, queijo tomate e champignon; três pequenos pãezinhos franceses, ou um pão bengala; uma microtorta de maçã de 200 g, minha preferida; e, para contrabalançar, sucrilhos com banana e adoçante, é claro, para não aumentar as minhas calorias.

— Quanto, Dona Fininha? — indaguei, curioso.

— Só meio litro de leite e... nada mais!

Fui pego em flagrante. Se, no café da manhã, ela comia um jantar de jacaré, como seria no almoço? Não. Não deveria ter pensado. Dona Fininha desatou a falar, captando os meus mais secretos pensamentos.

— Bem, Dr. Paulo, agora... no almoço... eu já exagero um pouco...

— Exagera um pouco? — Traído no semblante, pulei na cadeira. — É mesmo? Fale mais sobre isso...

— É... — começou Fininha — é no almoço que a fome aparece. Mas sou disciplinada: almoço pontualmente às 12h30, pois sempre gostei de um papinho entre as 15h e 18h, diariamente.

— Fale mais, Dona Fininha...

— Bem, Dr. Paulo, adoro bife a cavalo, mas jamais além de 400 g; batatas sem gorduras, pois são fritas em óleo de girassol; verduras e legumes ao natural e, esse, sim, como à vontade... O que carrega um pouco são os três ovos moles... cobertos com fatias de queijo mussarela, mas...

— Que mais, Dona Fininha?

A conversa estava esquentando, mas, para não bisbilhotar, reagi com rigor e, reposicionando-me em minha poltrona, retomei minha postura de indagador curioso, com real interesse em aprender e ajudar. É pura disciplina mental. Fininha se encolheu cheia de intimidação:

— Mais nada, Dr. Paulo, só meio litro de coca-cola, diet, e minha tortinha de maçã... Ah! É claro, um cafezinho com chatilly, para não me dar sono à tarde.

— Bom... Mas a senhora não janta. Ou janta?

Eu já estava assustado, quando Fininha voltou à carga:

— Dr. Paulo, é impossível ficar sem nada no estômago; estômago vazio é coisa do diabo... O senhor sabe, né, "saco vazio não pára em pé". Mas tomo alguns cuidados... meu horário de jantar é bem distante do almoço. Janto depois das 22h.

A bisbilhotagem corria solta...

— O que... O que... O que... — Saiu sem querer. Não pude evitar; meu espírito curioso e faminto de conhecer o comportamento humano, que já era voraz trinta anos atrás, precisou ir a fundo neste caso. Dona Fininha, vermelha como pimenta, já meio consciente das pequenas gotas de exagero, continuou:

— No jantar, como sei que não é bom comer demais, saboreio três bananas e meia jarra de suco de abacaxi, para dissolver os excessos, é claro. Após a entrada — continuou Fininha, sorrindo e com olhos de adolescente, flertando pela primeira vez —, supro-me de uma canja de galinha, temperada com legumes e macarrão, mas deixo cozinhar bem, até dissolvê-los totalmente em caldo quente.

— Quanto, Fininha? Quanto?

— Bem, Dr. Paulo, de um a dois pacotes pequenos de tagliarini; mas, é claro, acompanhado de chá de boldo com hortelã.

— E... ao deitar, Fininha, você... — Nem precisei terminar; ela veio com tudo...

— Delicio-me com uma pequena barra de chocolate. Mentira — corrigiu ela, pois, de vez em quando, era honesta consigo mesma —, uma barra média e três a quatro bombons recheados de frutas naturais.

Fiquei pasmo! Tomei fôlego e investi:

— Fininha, apesar de sua natureza forte, sua força de vontade está prejudicada. Quanto você gasta de telefone por mês? — indaguei, curioso.

— Por quê? — retrucou ela, com ar de malícia.

— Para te ajudar, preciso saber a quantas andam as suas conversas...

Fininha me atropelou:

— Já reclamei com a Telesp[1]; as contas têm vindo um absurdo. É sempre de R$ 2.500,00 a R$ 3.000,00, incluindo o celular, é claro.

— Quantas ligações você faz por dia?

Fininha caiu na gargalhada...

— As folhas anuais das contas formam uma verdadeira lista telefônica do estado de São Paulo.

— Há quanto tempo, Fininha?

— Há anos, Dr. Paulo, há anos. Mas o que tem isso a ver com minha desenvoltura física ou minha ansiedade?

— Fininha — comecei a explicar — nossos cinco sentidos foram desenvolvidos para atender a nossas necessidades de sobrevivência, e não para atender a nossas vontades sem controle. Hábitos e costumes são adquiridos e assimilados, pelas simples escolhas que fazemos durante a vida, 24 horas por dia. Nossa mente se molda tanto àquilo que absorvemos sem critério, como ao que absorvemos com critério. Lá estão armazenados nossos mais íntimos segredos. Nossa mente é uma agenda de apetites, costumes, vontades e desejos que desenvolvemos, por nós mesmos, e está disponível para uso a qualquer momento. Ninguém constrói ou destrói nosso destino; nós o fazemos com escolhas contínuas e, na maioria das vezes, sem reflexão e sem critério. Nosso destino é formado de gota em gota, como um grande oceano vasto e fértil ou, em partículas, como um grande deserto vazio e estéril. É assim: vejo, logo quero; ouço, logo gosto; sinto, logo preciso; cheiro, logo desejo. Nossos sentidos, criados para nos orientar e nos fazer felizes, tornaram-se mecanismos de

---

1   Telesp — Telecomunicações de São Paulo, companhia adquirida pelo grupo Telefônica, da Espanha, em 1998, em processo de privatização, passando a se chamar Telefônica Brasil S.A. e que, em 2012, passa a utilizar a marca Vivo de telefonia fixa e móvel, banda larga e TV por assinatura.

gula, prazeres exagerados e sem limites; tudo posso, tudo quero, tudo é meu. O preço? Insônia, ansiedade, aumento de peso... razão pela qual os tratamentos, os regimes e remédios não resolvem em definitivo, pois o regime final vem da reeducação dos nossos sentidos, de nossas vontades. E só conseguimos isso tomando consciência daquilo que nos faz mal. E como ter essa consciência? — Continuei. — *Observando cada pensamento, refletindo cada movimento, ação, desejo, escolha... Reaprendendo os sentidos e nossos limites, com equilíbrio e ponderação.*

— *Por onde começar?* — *perguntou Fininha, assustada, mas com panca de presidente.*

— *Por sua conta telefônica. É evidente que você fala tanto quanto come, e come tanto quanto fala. Observe e vai descobrir que hoje você já tem 100% de fator inútil.*

— *Como assim?*

— *Você gosta de fofocar?*

— *Adoro!* — *disse, virando os olhinhos.*

— *E bisbilhotar a vida alheia?*

— *Amo!* — *exclamou, toda dondoca.*

— *E criticar aquilo que você não compreende?*

— *É maravilhoso* — *falou Fininha, torcendo o beicinho.*

— *Tem inveja das vizinhas?*

Sem resposta... Continuei:

— *E desprezar o que não aceita?*

— *Esplêndido!* — *finalizou Fininha.*

Fiz um longo e eterno silêncio...

— *Fininha, quanto você reflete por dia? Quanto você olha dentro de si mesma, avaliando tudo, passado, presente e futuro?*

Silêncio outra vez...

— *O que fazer? Estou em pânico...* — *indagou ela.*

— *Nada disso. Você agora vai recomeçar tudo de novo, como uma criança desarmada; vai praticar a impessoalidade e vai errar muitas vezes, mas vai conseguir a felicidade tão desejada. Mora em você a força de vontade; com ela você vai despertar a força interna e suas necessidades serão infinitamente menores. Acorde por dentro, que o resto vem para fora. Você conhece os cinco movimentos do autoconhecimento, que pratico há cinquenta anos?*

— *Como vou começar?* — *Veio ela de novo, sem ouvir minhas últimas palavras.*

— *Observando cada pensamento, cada desejo, vontade, atitude e gestos do dia a dia e refletindo sobre suas verdadeiras e reais necessidades. Você tem como meta seis meses para diminuir sua conta telefônica para R$ 100,00 por mês, incluindo o celular, é claro! Lembre-se de vigiar cada pensamento e avaliar cada intenção, mesmo as mais íntimas.*

— *Dr. Paulo, eu morrerei antes disso!*

— *Bem, Fininha, é melhor morrer tentando fazer o certo do que viver fazendo o errado. Lembre-se, todos nós somos ou já fomos assim um dia.*

— *Até o senhor, Dr. Paulo?* — *perguntou, buscando meu consolo.*

— *Fininha* — *disse eu* —, *não sou diferente de ninguém. Tenho dificuldades como qualquer outra criatura. Devemos ser avaliados pelo esforço que fazemos em crescer e expandir, e não pelo que já fomos ou ainda somos.*

Dois anos se passaram e Fininha apareceu em meu escritório de advocacia. Pesava 82 quilos. Era outra criatura: serena, amistosa... feliz!

— *Fininha, aceita um café?*

— *Sem açúcar, Dr. Paulo, por favor...*

E rimos os dois em segredo.

Fininha, tal como a maioria de todos nós, tem um grande apetite para falar, pensar e imaginar, mas, infelizmente, sobre o que não precisa e o que não constrói. Temos uma tara para criticar os outros que é insaciável. Agregar inutilidades tornou-se nossa especialidade notória e pessoal. É só observar ou praticar o intraolhar, a impessoalidade; ou seja, olhar para dentro de você e confirmar o que eu digo. É bom imaginar o mundo em paz? É claro que é! É sensível mentalizar saúde para os enfermos? Sim, é. Aliás, isso, sim, já é fator produtivo.

O fator inútil, na versão de bisbilhotagem, quando já está fora de controle, como, por exemplo, no caso da Fininha, é externalizado em excessos, materializando-se de muitas formas:

- roupas extravagantes, achando que "está abafando";
- perfumes fortes e usados de forma inadequada, infringindo mal-estar aos outros;
- "lágrimas de crocodilo";
- risos descontrolados;
- bebedeiras competitivas, somente para ver quem aguenta mais;
- falar de modo alterado, com intuito de evidenciar-se;
- defender os clubes de futebol e sociais com fanatismo "de carteirinha";
- insônia ou dormir em excesso.

Portanto, fator inútil é pensar e fazer o que não precisa, imaginar o que não deve e deixar-se levar por qualquer conveniência... para ganhar um pirulito! Como uma bola de neve, o ócio, o apego e a bisbilhotagem, sem a prática da observação e da reflexão, vão aumentando nosso Universo de Conflitos, construindo o império da mente e servindo de combustível para o quarto e para o quinto elemento do fator inútil, impulsividade e omissão, as duas irmãs gêmeas mais famosas do planeta! Coragem, ainda não acabou!

Bem, embora elas sejam famosas e façam um sucesso danado, sinto informar que a era dos impulsivos e omissos terminou. Estamos iniciando a era da autogestão integrada e da produtividade por excelência. A produtividade por excelência é o aval da credibilidade, é a restauração da confiança no compromisso assumido, por aqueles que prometem e cumprem. É a era do resgate do homem por si mesmo.

Temos impulsos que são normais como seres humanos, porém, o jogo das emoções e as experiências que tivemos intensificam suas manifestações, transformando-os em impulsividades ou omissões. O que define o grau da impulsividade e da omissão são os efeitos internos e externos daqueles três movimentos anteriores: o ócio, o apego e a bisbilhotagem.

A impulsividade e a omissão, alimentadas por ócio, apego e pela bisbilhotagem, são a consolidação da improdutividade, externalizadas e materializadas no fator inútil.

Quando a energia da qual falamos no começo de nosso estudo é utilizada em movimentos desconexos e impróprios para maiores de 18 anos, ela é desviada de sua verdadeira função. E esses movimentos, com o tempo e a repetitividade, transformam-se em omissão e impulsividade.

E aí, caro leitor, quer continuar lendo nosso livro? Porque, se você quer continuar, tenho mais notícias ruins... porém, com resultado final 100% positivo e a custo zero! Só depende de você.

Vamos, agora, conhecer o quarto elemento do fator inútil.

Impulsividade

É a ação descontrolada, movida pelas emoções.

É uma tempestade de pensamentos sem controle, materializando ações externas, tudo que temos internamente e que nos leva à perda do controle das emoções. É uma ação descontrolada da mente, que se materializa pelo corpo físico em agressão, instabilidade, impulsos desgovernados. Gera o desastre fora de nós e o fracasso dentro de nós.

Na impulsividade, a criatura perdeu o controle de suas emoções. Chora, berra, esperneia, torna-se incompetente no trabalho, indesejável para os parentes e amigos e insuportável para si mesmo. Uma criatura neste estado vê sua vida ruir, vê a besteira que está fazendo, mas não consegue evitar.

Toda impulsividade é ativa e pode ser expressa através de um olhar, um movimento físico. Ela é uma tempestade interna, com inundações externas.

Situações de impulsividade:

- soltar sua raiva na primeira pessoa que aparece; geralmente ela é mais fraca que você;

- chutar o cachorro;
- dar murro na mesa, na parede...;
- gesticular, em excesso, na hora de falar*;
- xingar no trânsito;
- impor suas ideias;
- interromper o outro na hora de falar;
- gritar ao telefone.

* Lembramos que para encontrar os limites dos excessos, temos que avaliar com sensatez. Quando se dança uma valsa, existe um ritmo e precisão, e ao dançar um rock roll é outro o ritmo e precisão. O que não podemos é ter movimentos de valsa no rock e vice-versa, ficaremos fora de contexto. Será a observação e a reflexão que nos conduzirão ao senso crítico e ao bom senso. Não se mata uma mosca com um tiro de canhão. Quem não tem bom senso acaba ficando exposto, até descobrir o limite das coisas e de si mesmo.

Classificamos impulsividade em duas espécies: compulsiva e intermitente.

IMPULSIVIDADE COMPULSIVA são movimentos desordenados que fogem à nossa completa vontade.

É o estado profundo da carência ou do descontrole mental transformando-nos em "o ridículo". É quando já ultrapassamos a "zona de perigo" e chegamos à "zona de descontrole" (que veremos mais à frente). Este é o tipo de impulsividade sobre o qual não temos mais controle. É o desmando completo dos nossos movimentos. É uma espécie de retaliação da mente, que nos leva à total falta de discernimento e à insensibilidade ao ridículo; manifestando-se em lugares e situações inesperados, e nos conduzindo quase à insensibilidade cruel. É a estupidez a serviço da insanidade.

Para aprender a identificá-la, vamos conhecê-la, através de José Fubá...

José Fubá, o "Bom dia" de ouro

José Fubá era, ou melhor, ainda é, um comerciante de materiais de construção. Sua vida se resume a: casa, trabalho, clube. Seu desejo exagerado e incontido de dizer "Bom dia", a todo mundo, transformava-o na piada do dia:

— "Bom dia" vem vindo — dizia um dos empregados. — Cuidado que hoje ele está de meia peruca (da orelha para cima).

— Bom dia chegou — dizia outro — e olha o boné... além de novo, parece uma lata de marmelada vazia, recheada de pimentão empanado.

Era batata!

— Bom dia! Bom dia a todos!

Zé Fubá estendia a mão, como deputado em busca de votos. Abraçava, apertava, tropeçava, caía e levantava. E tudo isso seria administrável se não fosse o tremendo mau hálito que ele exalava.

Aliás, até hoje não consegui entender por que ele jamais tirava o tênis do pé, o que também era motivo de gargalhada, pois jamais ficava descalço, mesmo quando entrava na piscina... Ah! Piscina... É isso! A piscina. José Fubá, extremamente vaidoso e carente, foi na inauguração do clube de campo da Associação Recreativa. Acreditem ou não, enquanto o presidente fazia as honras da casa, Fubá olhava quase a 360 graus, pelos dois lados dos ombros, balançando a cabeça, dando apoio incondicional ao palestrante. Chamava a atenção de todos, e seus dois dentes de ouro serviam de refletor aos raios do sol, com um calor que passava dos 30ºC.

Quando o presidente cortou a fita de inauguração do clube, Zé Fubá saiu a 100 km/h em direção à piscina. Alcançou a escada do trampolim em um segundo, quando seus filhos, dois jovens, diga-se de passagem, muito educados, gritaram:

— Pai, pai, cuidado, a piscina está vazia!!

Tarde demais. Todos olharam assustados, imaginando que um Boing 747 havia pousado no terraço do clube. Nada disso. Era Zé Fubá que despencou do último deque dos trampolins (havia três). O barulho foi ensurdecedor. Lembrou um sapo gigante atropelado por uma jamanta.

Dona Pimenta, sua esposa, não sabia se ria ou se chorava. Pacientemente, coitada, lá foi ela juntar os pedaços do José Fubá, que, por dias, ficou inutilizado, todo enfaixado, parecendo uma múmia petrificada. Não podia falar, nem resmungar. Um período de férias para toda a família.

Só se viam o nariz e a boca, mas, apesar de tudo, os dentes de Fubá continuaram a brilhar por todo o hospital. Virou manchete na enfermaria:

— Nossa, como ele sobreviveu? — dizia um.

— Sei lá, às vezes é bom ter barriga, né? — dizia o outro.

— Não, não, pela altura, foi mesmo um milagre. Só mesmo por Deus... — argumentava outro.

— E aí, Fubá, como vai? — perguntou seu médico particular.

— É, doutor, acho que vou viver para processar o clube por tamanho descuido. Onde já se viu piscina vazia em dia de festa?

É a velha história: "quem já foi rei, nunca perde a majestade". Hoje, anos depois, José Fubá é um homem quieto, sisudo e reprimido pela vergonha que passou, ainda que não tenha percebido que a impulsividade compulsiva é um estado delicado que ninguém, além dele mesmo, pode curar. É como folha solta ao vento, que não se sabe de onde veio e para onde vai. Ele, José Fubá, sabe que ela, a impulsividade compulsiva, a qualquer momento, em qualquer lugar, está pronta para agir. Ela está lá e ninguém pode garantir que passou, até que surja uma outra piscina em sua vida ou algo parecido.

O que chamamos de impulsividade compulsiva é um estado mental de carência e vaidade incontrolável que leva as pessoas a movimentos físicos de insanidade momentânea. E que pode levá-las, também, à perda do controle de si mesmas, por longo, longo tempo. A vontade fora de controle conduz a movimentos incontroláveis, o tempo todo, como: rir, comer, falar, beber, reclamar, chorar e gritar compulsivamente. Isso tudo acompanhado de movimentos corporais que não se enquadram aos ambientes em que estamos. É a perda do controle dos pensamentos. É assim: "bateu, levou"; falou, escutou; pensou, agiu.

É um desassossego contínuo e absolutamente impróprio. E o pior, quem está neste estado não percebe que perdeu o senso do ridículo. Está exposto e é um verdadeiro desastre, por pura falta de observação e reflexão.

IMPULSIVIDADE INTERMITENTE é aquela que avança e recua, periodicamente, ou se torna mais evidente quando estamos fora de nosso campo de ação, daquilo que conhecemos e dominamos.

A impulsividade intermitente não está permanentemente em evidência. Ela é enrustida. O domínio do conhecimento em determinadas áreas de ação a atenua e a inibe, porém, não a elimina. Por isso, "impulsividade intermitente". Quando estou fora do meu campo de ação, ou seja, fora daquilo que domino e conheço, meu descontrole fica mais evidente, mais acentuado. O que não quer dizer que, quando estou vivenciando a minha expertise, a impulsividade não exista. O que realmente acontece é que meus conhecimentos técnicos e científicos, ou minha habilidade em lidar com pessoas, encobrem meus excessos. E o que é mais interessante: a impressão que é transmitida para as pessoas é de segurança e domínio absoluto da situação e, na maioria das vezes, causa constrangimentos no interlocutor. Mas, na verdade, o que essas pessoas querem é aparecer, dominar e até mesmo ocultar seu verdadeiro estado interno: a insegurança, o medo de ser descoberto, superado e ofuscado. Pura carência.

Quer ver? Conheça Dr. Brill Terra, em pleno equilíbrio financeiro; nada a reclamar da vida; e aprenda a identificar esse outro tipo de impulsividade.

Dr. Brill Terra, o exagerado

Dr. Bril Terra, jovem bonito, culto e elegante, mais procurado pelas mulheres que sombra no deserto. Ele é composto, basicamente, de três partes essenciais: vaidade, tronco e membros. Estávamos em uma simples reunião estratégica ao ar livre, na hora do lanche...

— Dr. Brill, o que o senhor acha...

— Do tempo? — Interrompeu ele, intempestivamente. — Vai chover e, olha, falei com os deuses e vai cair tempestade feia. Fiquem

todos em casa ou serão arrastados pelas enxurradas ou eletrocutados pelos relâmpagos ensurdecedores.

— Mas, Dr. Brill... não é...

— Entendo — Lá vem ele outra vez. — Você quer saber, peremptoriamente, por quanto tempo vai chover? Sou um simples ser humano e imperfeito mas, com toda certeza absoluta, choverá por dois meses sem parar...

— Mas, Dr. Brill...

— Posso lhe garantir que os deuses estão contra nós. É melhor prevenir que chorar depois... além do que...

— Dr. Brill, será que o senhor pode calar a booooca?

— Mas o que foi que eu fiz? Apenas respondi a sua pergunta... Dra. Paula!

— Não, Dr. Brill, só quero saber se o senhor quer um sanduíche. Entendeu?

— Ora, por que você está gritando, Dra. Paula, afinal...

— Porque você fala demais e responde o que não precisa, na hora que não deve. Você dá nó até em pingo d'água.

— Well, well, acho que dei um fora. Ok, Dra. Paula, peço desculpas. É que hoje estou inspiradíssimo. Meu campo de imaginação criativa está fertilíssimo... O que você perguntou mesmo? — falou, suavizando a voz.

— Simplesmente se você quer um sanduíche.

— Oh! Thanks, Dra. Paula, Thanks very much, absolutely yes. Je comprend votre intention, merci beaucoup.

Viram? Perde o ponto, mas não perde a frase. Típico de quem finge que ouviu e entendeu, porém não muda nunca. Neste caso ainda é só uma dimensão intelectual/mental, ou seja, é um QI sem poder de análise e visão; sem observação e reflexão; pensamento sem controle, ainda sem a manifestação física, mas que, fatalmente, sempre psicomatizam quando não mudamos nosso comportamento e estados emocionais.

Conheço o Dr. Brill há 38 anos e o mais interessante é que, quando está no consultório, ele é o melhor. Saiu de seu campo de ação principal, a medicina, ele é um desastre; por isso a chamada impulsividade intermitente. E o mais interessante: jamais o vi prejudicar a quem quer que fosse, senão a ele mesmo.

Todas essas pessoas de que falamos, no fundo, são pessoas amorosas; bons pais e bons esposos. São, no fundo, digo, bem lá no fundo, boas pessoas. O que querem mesmo é ser admirados, contemplados, amados. Se você pedir algo, fazem quase de imediato, mas precisam sempre ser estimulados por um elogio, uma promessa de voto... Mas, mexeu com eles, "o pau comeu". Não tem conversa: "alfinetou, doeu; cutucou, sai pus".

Vamos conhecer a outra face da impulsividade, o quinto elemento do fator inútil: a omissão.

Omissão

É a postura de fuga ou indiferença interna diante dos fatos da nossa realidade.

A sociedade pode nos ter infringido uma série de repressões, através dos condicionamentos comportamentais. Algumas pessoas se encubam, se reprimem e se tornam acomodadas e omissas; tudo não pode e tudo é proibido. Omissão é você se esconder diante da verdade que está na frente de seus olhos.

A omissão nasce do medo da perda de:

- pessoas;
- poder;
- riqueza;
- aceitação.

Situações de omissão:

- anulação — não ter coragem de falar o que pensa;
- acomodação diante de fatores que nos incomodam;
- indiferença — "deixa como está, para ver como é que fica";

- posição de vítimas e/ou de coitados;
- enganar a si mesmo, causando um embaraço interno.

Podemos dizer que impulsividade é um desastre para fora e a omissão, um desastre para dentro e que, sem a reflexão e mudança de comportamento, elas se transformam em doença. É muito mais fácil uma pessoa ter um enfarte por ser omissa do que por ser impulsiva.

Existe uma fonte comum entre as duas situações: a vaidade e o orgulho. Vaidade é querer ser aquilo que ainda não é; já o orgulho é a maneira como a vaidade se manifesta.

O orgulho e a vaidade são as sementes da destruição humana.

Estamos aqui falando da vaidade intelectual, ou seja, da vaidade interna. Se a vaidade tem sua raiz no medo de se expor, é omissão. Já se tiver sua raiz no movimento de se achar "o melhor do pedaço", é impulsividade. É importante dizer que a vaidade pode ser construtiva, quando se manifesta no sentido de preservação da vida, para melhorarmos a autoconfiança ou a autoestima. A partir do momento em que começamos a reprimir o outro, começa a vaidade destrutiva. Todo vaidoso é suscetível e melindroso, na mesma proporção, mas, acima de tudo, é absolutamente insensível. Não perde uma! É o famoso "come pardal e arrota peru". É um caos.

Querem ver o que é vaidade e insensibilidade? Conheça a história de Bento Capota e Capotinha:

Bento Capota e Capotinha

Bento Capota foi professor de economia, em uma das universidades mais promissoras da nossa região. Atualmente está aposentado por invalidez. Magro como um bambu, topete esvoaçante e, tecnicamente, um "grilo falante". Com panca de Professor Pardal, andava de chinelo São Francisco. Seu pé tinha dedos cascudos e unhas que se precipitavam além dos dedos.

— *Capota* — *perguntei, um dia, à sombra de um ipê, cujo cenário fazia parte do cemitério principal de nossa cidade —, você é formado em quê?*

Foi a conta, Capota tomou posição de ponta esquerda, avançou para a direita e deu uma de gancho:

— *Minha história de vida é longa. Quando eu tinha dez anos de idade, fui mordido por um cachorro louco e blá, blá, blá... com treze anos fui mordido por uma cobra cascavel e blá, blá blá... aos dezesseis anos caí da bicicleta, o que me deixou estas marcas...* — *E, abaixando as calças, sem constrangimento, mostrou-me a cicatriz branca nas nádegas, como castanha de coco virada do avesso; e, depois, as duas ligas de inox na clavícula e os pontos de sutura nas costas, peito e coxas.*

— *Capota* — *voltei a dizer, com toda energia —, você é formado em quê, mesmo?*

— *Perdi minha mãe aos 18 anos* — *retomou ele, ignorando minha pergunta e todo sentimental* — *e meu pai aos 21. Casei-me logo em seguida aos 22 anos e blá, blá, blá...*

Lá se foram quinze minutos de fator inútil. Se não fosse pelo Capotinha, menino atinado a tudo o que o pai falava, eu teria olhado no relógio, só para castigar; teria dado uma bela desculpa, para disfarçar; e teria ido embora, só para me livrar daquela situação. Capotinha era meigo e carinhoso. Seus olhinhos pareciam duas estrelinhas a fulgurarem em noite de luar e sua sensibilidade me deixou convencido de que ele queria falar comigo...

— *Capota* — *retomei —, você é formado em quê?*

Minha insistência tinha um propósito definido de observador e aprendiz. Como é que um personagem tão extrovertido, esnobe, falante e de desenvolturas mil era tão desleixado, tão mal vestido, mesmo no funeral de Arthur, seu colega de infância, que havia morrido de enfarto fulminante? Motivo: cigarro. Eram dois maços por dia. Finalmente ele resolveu falar... Tomando posição de combate, disse:

— *Sou PhD em ciências econômicas* — *relatou ele, todo esnobe.* — *Pós-graduado em economia e doutorado em filosofia.*

Até que ele combinava com o ar filosófico, com seu cachimbo esfumaçante que, confesso, deixava-me meio zonzo.

— Sou, também, caro doutor — falou quase gritando, gesticulando como um macaco dependurado em galho seco —, mestre em geografia, ciências naturais e história antropológica.

Fiquei constrangido. Todos a nossa volta, há trinta metros de distância, me olhavam, como olha uma torcida indócil o jogador do seu time que perdeu um gol de pênalti, no final do campeonato... O cara era um gênio... genioso!

— Papai — disse Capotinha —, temos que ir embora. O senhor ainda precisa ir à oficina mecânica para regular os freios do nosso carro.

Foi quando olhei para a direita. Fiquei estarrecido. Lá estava um Fiat 147 — de 1979, amarelo canário, todo apodrecido, sem cinto de segurança. Parecia mais um carrinho de mão do que um veículo de locomoção. Isto foi em novembro de 2001. Quando Capota percebeu que eu percebi, logo despistou:

— Não leve em consideração. Esse é o meu carro de trabalho, antifurto. Ando tranquilo e em qualquer lugar. Ninguém me rouba, ninguém me sequestra. O carro mais novo fica com a Lúcia, para levar as crianças na escola e fazer as compras no mercado e shopping.

— É um Corsel II, 1989, Dr. Paulo — Capotinha, ansioso em ser transparente, veio ajudar a esclarecer a minha curiosidade.

Bento Capota resolveu dar as últimas despedidas a Arthur. Pediu-me que eu ficasse com o seu filho, para que ele acompanhasse o falecido até o túmulo.

— Dr. Paulo — perguntou o Capotinha —, o senhor acha o meu pai estranho?

— Não... não. Eu o acho um tanto extrovertido... e... talvez um pouco... — quis aliviar.

— É... ele é muito estranho — disse Capotinha, descobrindo o véu do grande mistério.

— Por quê? — Minha língua me traiu, e mais... meu fator inútil zero foi lá para o espaço. — Vai em frente, Capotinha — falei, brandamente.

Vejam vocês a admirável sutileza do menino de dez anos que, nesta idade, costuma ser subestimado pelos pais:

— *Quando meu papai comprou este veículo, eu perguntei a ele: "Que é esse ruído na minha porta, papai?" e ele me respondeu: "Não se preocupe, Capotinha, esse veículo não veio com air-bag de fábrica e, no lugar dele, ficou um buraco, que serve para guardar o macaco e a chave de rodas". "E esse barulho no câmbio?", perguntei, mais uma vez. "É falta de graxa e lubrificante, mas tudo bem, tem gasolina e óleo para rodarmos até o Alaska", respondeu-me ele. "Mas, papai, por que o senhor não para com as mãos no volante? Está tudo tremendo", insisti. "Capotinha, sabe que você é uma criança genial? Você percebe tudo, hein?" ele me elogiou. "Mas, papai, não temos cinto de segurança. Isto não é perigoso?". E ele: "Acontece, Capotinha, que, quando esse carro saiu no mercado, não se usava cinto de segurança".*

E o diálogo entre filho e pai continuou:

— *E daí, papai?*

— *Compenso na velocidade. Se bater, nada vai acontecer. Jamais, jamais eu ultrapasso 110 ou 120 km/hora. O papai é muito cauteloso. Você não percebe?*

— *Pai, não está na hora de trocar o escapamento? O barulho é horrível e o cheiro insuportável, e...*

— *Filho, você não está preparado para a Fórmula 1, mesmo hein? Lembre-se: para ser corredor, tem que suportar ruído, poluição e dominar a máquina como o próprio corpo, como a própria língua.*

— *Papai, eu não quero ser corredor de Fórmula 1, é muito perigoso perder a vida nas pistas de corrida.*

— *Mas eu quero que, um dia, na Fórmula 1, você seja um ás do volante, famoso no mundo inteiro. Vais ficar rico e eu serei seu empresário. É ou não é?*

— *Papai, por que o senhor breca sempre em cima do veículo da frente?*

— *Quero transmitir a você segurança e absoluta serenidade; olho clínico, sensibilidade mil e controle mental e emocional 100%.*

— *Para que tudo isso, papai?*

—*Sabe, Capotinha, às vezes você me decepciona, me enche o saco...*

— Por quê, papai?

— Ora, sou um dos professores mais requisitados da universidade para ministrar palestras de segurança e meio ambiente, e eu tenho que dar os melhores exemplos de renúncia e humildade. Poderia deixar esse carro para a sua mãe e ficar com o nosso carrão... mas, não... o melhor é para a mamãe. Lembre-se: a família é uma só... e... a família em primeiro lugar.

— Papai, quando podemos dizer que o pneu está careca?

— Humm... hum... hum... depende do automóvel. No nosso caso, o veículo é leve e você pode abusar um pouco.

— Papai, está chovendo, você não pode ir um pouco mais devagar?

— Não estou correndo, ora bolas! Moleque impertinente e medroso...

— Papai, cuidado, o carro está dançando!

— Não se preocupe, você está, caso não saiba, com o maior campeão de patinete e carrinho de rolimã que já nasceu neste mundo, além do que...

Boom, crash, boom...!

Então, Capotinha me explicou:

— Dr. Paulo, o barulho foi ensurdecedor, derrubamos uma árvore, quebramos as instalações do posto de gasolina. Um tronco de flamboyant foi nossa pista de aterrissagem e nossa garagem de estacionamento, o telhado da lanchonete do senhor Josias. Papai ficou internado em coma durante trinta dias e, até hoje, seus dentes vivem à custa de pinos de prata, trocados de tempos em tempos, porque nada segura seus caninos. Ficou famoso por ser a boca mais rica do bairro. Carrega, no seu traseiro, cicatrizes espinha de peixe e, em suas clavículas, pinos de inox, assim como em todos os membros do corpo que ainda paravam em pé. Esses acessórios faziam dele o homem de aço mais duro e insensível da família. Meu pai é incrível. Ele continua acreditando na mentira mais engraçada que eu já vi, tudo por causa de uma queda de bicicleta no jardim da minha avó.

— Capotinha — disse eu, tentando esconder o humor ácido da história —, seu pai é incrível mesmo, né? E, na sequência: — Oi, Capotão, foi tudo bem? — perguntei, quando ele já encostava em nossa sombra.

— "Capotão" não. Bento Capota — retrucou ele, quase fingindo chorar de saudades do Arthur, o morto. — É assim mesmo; hoje, uma garrafa de coca-cola com limão; amanhã, simples lixo reciclável — completou, Capota, o ciclo de besteirol com ar de Charles, o pequinês do Barão Frankenstein.

Como podemos ver, o ser humano se acostuma com seus defeitos. Sabe que eles estão ali, que têm que ser trabalhados, mas simplesmente acostuma-se com eles, não se observa. Não identifica os primeiros sinais de que alguma coisa está errada e perde o foco de sua vida. Pela acomodação, começa sempre a percorrer o caminho que já conhece, mesmo que não seja o mais produtivo. E o que é pior: começa a se tornar indiferente e insensível, porque aquilo que identifica como problema nunca é o verdadeiro motivo de sua angústia e desassossego. Sabe que tem que mudar, mas mudar para quê? É o velho chavão: "Já nasci assim, para que mudar? É a minha natureza...".

No caso do Bento Capota, o que você acha?

Ele é mais impulsivo ou omisso? Bem, poderíamos dizer que sua maior característica é a omissão, revestida pela falta de senso crítico. Toda omissão tem, como pano de fundo, a vaidade e o medo de se expor; e tem, como desfecho, a insensibilidade grosseira, pois imaginar que seu filho é burro... é muita burrice de Capotão!

Também como consequência da impulsividade ou omissão, a insensibilidade pode se manifestar nas versões de amor egoísta, repressão, dominação. Sem perceber, podemos ser insensíveis ao sentimento de compaixão e compreensão; um tipo de surdez mental, teimosia, radicalismo, insistência no absurdo e cegueira do óbvio.

Surge com mais insistência entre familiares, pois esses são obrigados a aceitar, por falta de opção ou convivência. Então, é mais comum entre conhecidos que não podem reagir, tipo patrão e empregado, ou pais com filhos... É bem provável que, entre estranhos, fossem atropelados por desprezo e solidão, como o peso de uma jamanta sem freio. Lembram da história do Joãozinho?

É importante dizer que o mesmo universo que criamos, na omissão, criamos, na impulsividade. A energia que usamos para entrar em uma ou na outra é a mesma, bem como o desespero para sairmos de ambas.

Como vimos, os cinco elementos do fator inútil são as consequências da falta de conhecimento de nosso Universo de Conflitos e Soluções, simplesmente por ignorarmos nosso verdadeiro papel na vida. Pela tradição, acreditamos que nascemos assim e que assim teremos que morrer.

Parem com isso! Sai desta vida, ô, meu! Assuma definitivamente o comando de si mesmo e pare de dar desculpas!

Antes de falarmos das ferramentas para construirmos nosso próprio destino, vamos conhecer o ciclo da improdutividade, que é consequência dos elementos do fator inútil.

CAPÍTULO III
CICLO DA IMPRODUTIVIDADE

No capítulo anterior conhecemos os cinco vilões da nossa história. Agora vamos entender qual o efeito deles em nossas vidas.

As nossas necessidades deveriam ser o mínimo indispensável para a nossa sobrevivência, mas não são. Desejar mais e trabalhar por mais faz parte do nosso crescimento e aprendizado, entretanto, como o fazemos e por que fazemos é onde começam os problemas, pois a nossa ambição é sempre maior que nossos talentos.

Desde os primórdios, o que faz o homem evoluir são as suas necessidades que, se não existissem, possivelmente estaríamos, até hoje, encostados sob uma árvore e respirando a idade da pedra. Sabemos que o ser humano tem duas necessidades básicas e fundamentais: as biológicas e as afetivas.

As necessidades biológicas são comer, beber, dormir e perpetuar a espécie. Elas garantem a sobrevivência do ser. Já as necessidades afetivas compreendem reconhecimento, relacionamento e troca; elas garantem a capacidade criativa, social e a saúde mental humana. Com o avanço tecnológico e social, atualmente, as necessidades biológicas são facilmente atendidas, o que não acontecia na Antiguidade. Não estamos tratando dos problemas políticos do mundo. No entanto, a complexidade da sociedade atual dificulta, cada vez mais, a satisfação afetiva. Trocar, relacionar e ser reconhecido, de forma satisfatória, tem sido um desafio cada vez maior para o homem. A busca da satisfação é uma necessidade inerente, pois é a lei da sobrevivência da espécie. Temos que buscar! É um imperativo. A situação se complica quando encontramos, ao invés da realização, a frustração; e, quando se fala em afetividade, são muitos os desencontros, formando, assim, uma bola de neve de busca e frustrações, gerando carências afetivas.

A carência ofusca o discernimento e já não sabemos mais o que é uma necessidade real ou uma necessidade carencial. Entenda que necessidade real é tudo aquilo que é produtivo para o ser, levando-o ao crescimento e à maturidade. Já a necessidade carencial é aquela criada para tapar um buraco interno, manter as fantasias e as ilusões que nasceram das nossas expectativas e que se transformarão em frustrações.

Vamos entender melhor este mecanismo, e deixar clara a diferença entre busca necessária e a expectativa.

Expectativa

É o desejo dando um salto na imaginação fértil da nossa imaturidade, antecipando os resultados de ganhos ou perdas que nos tiram do nosso equilíbrio emocional e nos conduzem a uma espécie de apreensão ou medo.

A busca necessária é um impulso natural para atender a uma necessidade real, seja biológica ou afetiva. Ela deve existir. Já a expectativa é uma criação mental adicional, além do necessário; ela surge sem a devida reflexão, que é a avaliação das minhas reais necessidades biológicas, afetivas ou carenciais; ela ocorre numa tentativa de garantir que a minha carência emocional seja preenchida. Deu para perceber?

Devido à carência, quando temos uma necessidade afetiva, isto é, de troca, de reconhecimento ou um verdadeiro relacionamento em formação, criamos uma expectativa em relação a personagens ideais e empregos perfeitos para nossas ambições; situações que, aparentemente, me colocarão em destaque; roupas que me deixarão mais bonito e assim por diante. Essa expectativa é uma tentativa de garantir e satisfazer a minha carência. Surge, nesse momento, a vilã da história: a ansiedade, pois vamos ansiar o tempo todo pela realização daquilo que esperamos; é a ilusão que construímos, limitando ou ampliando os acontecimentos, de acordo com o nosso desejo idealizado.

Quando a expectativa não é realizada, caímos na frustração, pois, em 99% das vezes, a vida é um emaranhado de situações que não estão de acordo com nossos desejos, e sim como ela realmente é. Com isso, vamos criando um ciclo cada vez maior de expectativas e frustrações, aumentando ainda mais nossa carência afetiva. Olha a bola de neve: tudo começa pela carência pequena e termina na carência grande. Percebam que, direta ou indiretamente, somos nós mesmos que construímos as nossas frustrações.

Afinal, quem mandou acreditar no que não existia? Exagerar no que não devia? E aceitar o que não precisava? Trocar o pouco certo pelo muito duvidoso? Querer antecipar e encurtar o tempo, para ser premiado antes da hora? Correr como louco o tempo todo, para ser o campeão? Pela antiga tradição, campeão é sempre aquele que chega em primeiro lugar. Pelo bom senso, ser campeão é dar o melhor de si o tempo todo, vencendo as suas limitações. Porque seu único e maior concorrente é você mesmo.

E o troféu? É a harmonia interior de sentir a vida como ela realmente é, e não gastar a vida tentando vivê-la como os outros disseram que ela poderia ser!

Veja o gráfico a seguir, que facilitará nosso entendimento:

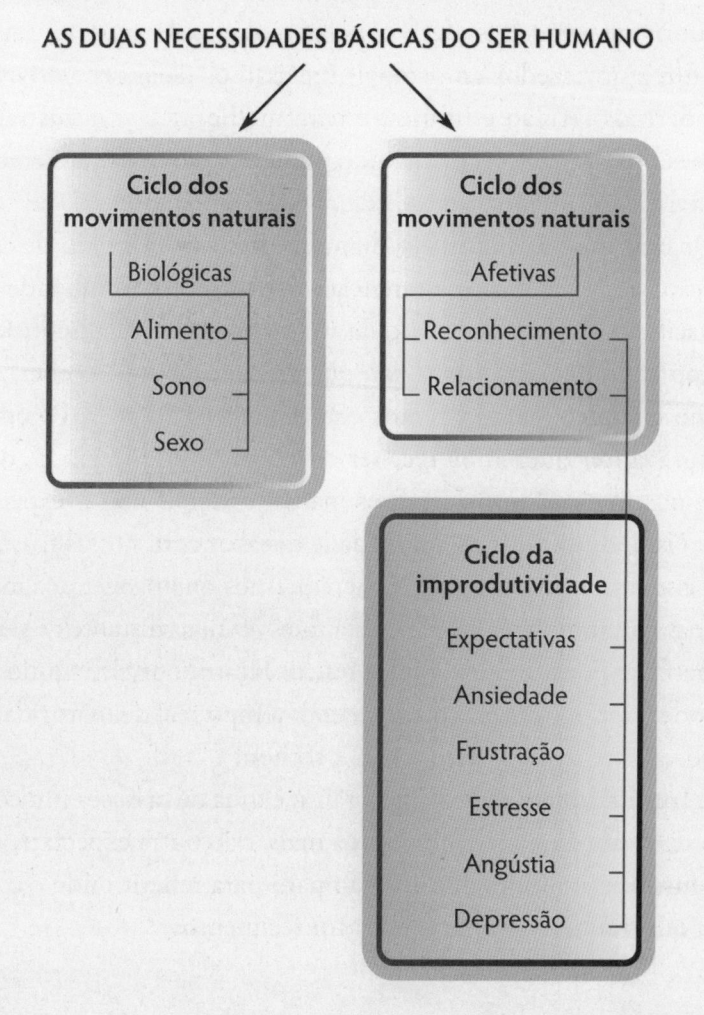

AS DUAS NECESSIDADES BÁSICAS DO SER HUMANO

Ciclo dos movimentos naturais
- Biológicas
- Alimento
- Sono
- Sexo

Ciclo dos movimentos naturais
- Afetivas
- Reconhecimento
- Relacionamento

Ciclo da improdutividade
- Expectativas
- Ansiedade
- Frustração
- Estresse
- Angústia
- Depressão

Após sucessivas frustrações afetivas, pequenas ou grandes, conscientes ou inconscientes, podemos transferir a possibilidade de realização afetiva para as necessidades biológicas. Vamos ver alguns exemplos: para saciarmos nossa sede, em vez de bebermos água, começaremos a beber refrigerantes; para saciarmos nossa fome, em vez de comermos docinho de mamão, começaremos a comer torta de chocolate; para um sono agradável, precisaremos de sofisticados travesseiros e lençóis de seda. E isso gera, ainda, mais carência, porque a busca da satisfação biológica não pode suprir as necessidades afetivas. A primeira é de sobrevivência; a segunda de expansão, de crescimento interno do ser e, por isso, não pode (e não deve) substituir a outra.

Suprir necessidades afetivas pelas biológicas é apenas um paliativo, um amortecedor emocional. Precisamos delas, as afetivas, para aprendermos retidão e limites, e para melhorar a administração de nós mesmos, desenvolver comando da mente, controle das emoções e assertividade nas ações.

Quanto mais as pessoas se mantêm nesse ciclo, sem a devida observação e reflexão, maior a carência e menor a disponibilidade real de se relacionar. Vamos ficando cada vez mais suscetíveis, sentindo-nos incompreendidos, e, a partir daí, queremos somente "receber". E, até mesmo quando doamos, temos como objetivo receber. Porém, com um agravante: queremos receber da forma que queremos, quando queremos, do jeito que queremos, para atender às nossas expectativas e, com isso, diminuir nossa ansiedade e acabar com nossas frustrações; pois, com esse comportamento, acreditamos que não vamos mais nos frustrar. Portanto, o ser humano está cada vez mais distante de si mesmo e superficial porque exige que os outros façam, por ele, aquilo que só ele pode fazer. É hora de amadurecer. É tempo real de maturidade. Ou vai ou vai; ou vem ou vem, senão... rachou!

A frustração sem reflexão gera raiva, e toda raiva busca um culpado, que nunca sou eu. Para piorar ainda mais, crio outra expectativa maior para justificar a minha dor. Eu não paro para refletir onde e como eu errei, qual foi a minha parte nos acontecimentos.

Mas por onde começar?

É claro, pelas nossas carências, pois foi lá que tudo se iniciou. Devemos observar quais são nossas reais necessidades e as carências já instaladas. Refletir sobre as expectativas que criei em torno das minhas necessidades e buscar me aproximar cada vez mais da minha real necessidade. Tomar uma atitude interna de enfrentar minhas carências e agir com mais serenidade, assumindo os riscos das minhas escolhas. Ninguém ganha todas, muito pelo contrário, para uma realização, são necessárias várias perdas. Compreenda que você não vai conseguir deixar de se frustrar, no início. Nossa proposta é que você aprenda com suas frustrações e as transforme em lições aprendidas.

E saia do ciclo da improdutividade.

A reflexão sobre as nossas frustrações traz a maturidade, e a maturidade vai diminuindo as expectativas e acabando com a ansiedade.

Traçar um plano de ação imediato e aplicar os 5 Movimentos do Autoconhecimento para sair deste ciclo de improdutividade é uma quebra de condicionamento.

Após observar as minhas reais necessidades, vou refletir atentamente quais são as minhas expectativas diante da situação real que a vida me apresenta e fazer opções com mais segurança, mesmo correndo riscos. Não ter medo da frustração é o melhor caminho, pois a nossa busca não deve ser a de não se frustrar, mas sim a de aprender com cada dificuldade que surge. É o princípio do aprendiz que quer vencer. Afinal de contas, somos todos aprendizes da eternidade e o nosso caminho está bem longe de chegar ao fim...

Uma coisa é decepcionar-se e frustrar-se. Outra coisa é amadurecer e crescer com as frustrações. Nossa proposta é simples: superar nossos limites e comandar nossa vida.

Vamos refletir juntos sobre mais alguns dados. Nesse processo de carência e fuga das frustrações, ocorre um processo que vou chamar de "fuga das necessidades".

Como não amadureço nas experiências, vou criando um boicote interno das minhas vontades e necessidades, tudo para evitar a frustração. Começo a enrijecer os meus sentidos, a minha sensibilidade, e vou deixando para trás minhas pequenas vontades. Só que a nossa natureza não deixa nada para trás e, quando você percebe, está acumulando um monte de necessidades, que se tornarão carências. Você acha que está se tornando maduro, mas está sendo rígido e inflexível consigo mesmo, deixando de se perdoar até nos pequenos erros do dia a dia. Suas necessidades passam a ser intolerância; para, em seguida, surgir o inconformismo. E, daí, a frustração. Não adianta fugir das suas vontades, senão você nunca saberá se é apenas uma expectativa ou se é uma necessidade natural. A reflexão (jamais a repressão) é que irá te dar esse discernimento. É a prática do senso crítico. Educar nossos impulsos condicionados, avaliar nossas verdadeiras necessidades e inventariar a raiz das nossas carências é o caminho para a maturidade.

O comportamento de revolta e autorrepressão é um dos resultados do ciclo da improdutividade. A revolta se manifesta pela impulsividade e a autorrepressão cria o medo, e aí se manifesta a omissão. São esses os dois elementos do fracasso do ser humano, que estão instalados em nossa vida, na exata proporção em que você está distante de si mesmo. É o gargalo do fator inútil. A frequência de nossas ações impulsivas ou omissas é que determina os graus de conflito interno.

Agora que conhecemos o ciclo, acho importante falarmos de cada fase com um pouco mais de profundidade.

Tudo começa pela incomodação, que é aquele desconforto interno de não querer sentir aquilo que já se alojou dentro de nós, do tipo "agora que consegui, o que eu faço com isso?". Ou, ainda, "não era bem isso o que eu queria, preciso de mais, para mostrar que eu sou capaz". É o tormento, noite e dia sem dormir, maquinando o próximo passo que, em muitos casos, pode coexistir com a frustração, por exemplo: "poxa vida, não era o que eu pensava ou queria". Ou, ainda, "perdi e agora?".

Frustração é o desapontamento interno com o resultado inesperado, contrário ao que eu queria, que se manifesta em um impacto a curto, médio ou longo prazo. Falaremos um pouco mais à frente sobre a frustração, filha legítima da ansiedade.

Ansiedade

É o desejo incontido de antecipar o tempo e o espaço, querendo que o amanhã seja hoje.

É o movimento desnecessário de mim para comigo mesmo, que antecede a impulsividade. Todos os seres, sem exceção, têm a sua Coordenada Cósmica, que é a cadência de nossos movimentos internos e externos, dentro do tempo e do espaço, em harmonia absoluta. É a minha posição no ranking universal, na categoria: elevação (virtude) × evolução (conhecimento). Ou seja, é o meu grau na escala evolutiva. E, toda vez que eu altero excessivamente o ritmo dessa cadência, crio um movimento contrário a essa coordenada, que me levará a desequilíbrios, tanto físicos quanto emocionais. Pois bem, o primeiro sintoma da quebra dessa cadência é a ansiedade.

Ansiedade é o movimento de impulsividade interna, produto da expectativa. Ela é a fonte do rio Emoções, cujos afluentes da irreflexão nos conduzem aos oceanos da impulsividade ou omissão. É o movimento apressado de mim para comigo mesmo. É o passo anterior ao estresse, porém, já é um movimento de descontrole interno. É uma pressa apressada, com limite bastante elástico. É a emoção a serviço do "já" e do "agora".

Pode se manifestar em impulsividade, quando é para fora, e em omissão, quando é para dentro.

O que vai definir se a ansiedade vai se manifestar em frustração é o resultado do ganhar ou perder, eis a questão.

E a pressa? Pressa é o movimento além dos meus limites, ou do necessário. É o "forçar para antecipar". É uma gota d'água que começa a virar um balde de óleo quente, sem necessidade. É a carência procurando a frustração.

E a ansiedade? É o combustível emocional, acendendo a impulsividade ou a omissão, usando a faísca da frustração.

A ansiedade é composta pelos movimentos, manifestados (visível) ou não (invisível), resultado das emoções contidas em mim, que se fixam no movimento de encolhimento ou explosão dos nossos limites. As fontes são sempre as mesmas: frustrações, expectativas ou desejos mal organizados, ou ainda caprichos não atendidos. A impulsividade é mais uma manifestação da ansiedade externa, que se materializa como um relógio interno que, diga-se de passagem, pode estar atrasado, adiantado ou parado, ou ainda sem corda. A omissão é tudo isso, só que sem ponteiros.

A ansiedade ainda é o estado de conflito entre o nosso querer e o nosso limite. Começa com uma incomodação ou uma impaciência, sem um motivo aparente para explicar, nada que as justifique.

Ansiedade é um estado de desatenção interna e de dispersão mental, onde os sentidos, confusos entre si, ofuscam o discernimento. É a perda do controle de nossa força de vontade, criando expectativas desnecessárias ou a insegurança a serviço da desgraça. É o anseio pelo controle em atender aos nossos desejos e por aquilo que penso que preciso. Não existe a reflexão, mas pode existir maquinação. É como edificar uma casa começando pelo telhado.

Mas, ao contrário do que imaginamos, a ansiedade pode trazer bons resultados, para quem quer vencer seus limites e crescer. Ela é um aviso, um alerta de excesso; é um sinal de que você deve desacelerar ou acelerar, mudar de rumo e de postura. É o alarme dizendo-lhe que algo vai mal.

RESUMINDO:
ansiedade é a pressa que caminha para o nada, em direção a lugar nenhum, e, assim, sem o devido cuidado da reflexão, pode nos conduzir a situações constrangedoras, pela manifestação da impulsividade ou da omissão.

E de onde vem a ansiedade? De várias avenidas que convergem na mesma rotatória. Como ela surge? Com impaciência, irritabilidade, pressa interna e a impertinência das vontades.

Alguns motivos, entre dezenas:

- querer ser o que não é, ou dar o que não tem;
- pendências — coisas mal resolvidas;

- perfeição sem fim, desnecessária;
- medo de errar;
- indefinição;
- excesso de teorias;
- vaidade excessiva;
- interesses escusos;
- ausência de transparência;
- autoafirmação;
- inexperiência;
- dar um "passo maior do que a perna";
- fingir-se de morto;
- fazer-se de vivo;
- querer dar uma rasteira no tempo e no espaço;
- sempre fazer coisas contrárias à nossa "vontade", para agradar outrem;
- pressa, muita pressa.

Alguns sintomas da ansiedade:

- querer o futuro já;
- suor nas mãos;
- suar no corpo todo, todo o tempo;
- dores na barriga sem motivo aparente;
- tique nervoso;
- comer demais ou com pressa, sempre;
- falar rápido ou demais;
- medo de que as fábricas de cocada fechem;
- estoque de remédios, além do necessário;
- querer manter as prateleiras cheias de alimentos, o tempo todo;
- mau hálito constante;
- inconformismo;
- reclamação o tempo todo;
- tomar refrigerante pela boca da garrafa;
- enxaquecas;
- bisbilhotagem.

Vamos ver como anda a sua ansiedade? Um filme, há meses em propaganda mundial, está em cartaz na sua cidade. As sessões, com certeza, vão lotar nos próximos vinte dias. Como você está? Apesar do frio, do calor e da fila infinita de centenas de metros, você vai assistir mesmo assim? Ou você reflete e conclui que, se viveu sem ele até agora, por que vai aguentar desaforo, frio e fila se o filme, daqui a noventa dias, passará na Netflix e você poderá assisti-lo em casa, tranquilo, com a família e sem constrangimento?

RESULTADO:

se você, apesar de tudo, for ao cinema, fique esperto, você está ansioso. Algo não vai bem. Observe! Se você não se importar e esperar tudo se acalmar, sem sofrer, realmente, parabéns, você está se autogerindo e controlando suas emoções.

Bem, mas ainda precisamos nos aprofundar na ansiedade.

Quando nossos desejos já saíram do nosso controle, que é quando entramos na zona que vou denominar como "zona de perigo", que estudaremos no próximo capítulo, uma sensação de desconforto interno começa a assolar nossos planos. O ato de querer antecipar os acontecimentos faz com que comecemos a atropelar os movimentos naturais. Aí, é só esperar: esse movimento contrário tira nossa tranquilidade e a nossa serenidade desaparece. O que fica é uma espécie de perturbação em nossa atmosfera mental, e nossos passos saem do ritmo. É como se fosse uma orquestra, sem a orientação do maestro: violino desafinado, violão fora do tom, percussão tocada sem ritmo; é um desastre.

É o desejo de que o próximo ano aconteça agora. Todo esse emaranhado mental e emocional começa a se manifestar em nossas ações e movimentos: nosso sorriso fica amarelo, esqueço de engraxar o sapato, camisa desabotoada, excesso de calorias, mãos suadas, que tremulam, além de insônia. Meus hábitos conquistados deixam muito a desejar, principalmente nas refeições... que considero um forte medidor de ansiedade.

Quer ver o que é ansiedade? Vamos conhecer um homem de negócios, dono de uma inteligência a qualquer prova, e competente como ele só, que materializará nossa conversa.

Raul, o garfo de prata

Raul, um alto profissional liberal, convidou-me para jantar.

Naquela noite, ele iria contratar-me como "personal adviser", pois alguma coisa não ia bem.

Ele não entendia por que as pessoas, até mesmo esposa e filhos, não gostavam de sair e conviver com ele. Teve que fazer tratamento do estômago, pois seu mau hálito era terrível.

Fomos então a um restaurante de alto estilo. Percebi, pelo cumprimento do garçom, que o preço do jantar seria pago em libras esterlinas.

Ao sentarmos, os talheres de prata reluziam como noite enluarada no sol da meia-noite. O guardanapo parecia uma fronha e, para mim, que sou de pequena estatura, serviria de lençol. Os pratos tinham o tamanho de uma bandeja, e o menu era uma gazeta mercantil.

Escolhemos pratos que seriam lentamente degustados.

Quando a entrada chegou, fiquei assustado de fato. O que teria acontecido? Meu anfitrião teria partido para a briga? Era a avant premier de algum filme de terror?

O guardanapo, em um só golpe, transformou-se em babador, ou capa de toureiro em pleno show mexicano. O garfo imitou um microfone. A faca desenhou um enorme punhal. Quando ele abriu a boca, veio logo à minha mente uma britadeira, ou quebrador de asfalto pneumático. Aquilo não era ruído, nem sequer era uma festa de São João, pois os mariscos imitavam castanholas num flamenco arrastado, e os ossos do frango pareciam um apito num arriscado jogo de dérbi.

As habilidades de Raul deixavam muito a desejar, conquanto ele fosse um profissional de competência comprovada. Advogado processualista, conhecia o código, artigo por artigo, de trás para frente, de frente para trás. Dava nó em relâmpago, em plena tempestade.

Quando falava, sua desenvoltura dava a impressão de um maestro, comandando a orquestra de Berlim, tocando a Quinta Sinfonia de Beethoven. Impossível perder uma causa. Encontrava, sempre, saídas jurídicas inacreditáveis. Sua voz rouca e aguda dava a impressão de um tambor, marcando o compasso na Primeira Grande Guerra. Nunca vi nada igual. Mas qualquer um percebia que ele forçava demais. Para falar, posicionava-se como uma estátua de Nero, em pleno fórum romano. Tossia, ao iniciar uma frase, e sofria, ao sorrir aos assistentes. Não conseguia dizer "obrigado" de forma natural. Só dizia quando forçado a fazê-lo, mas muito contrariado.

Perguntei:

— Dr. Raul, por que o sr. está tão armado e ansioso?

— Quem? Eu? Por quê? Não sei, acho que é um grande equívoco! Não sei do que o sr. está falando, Dr. Paulo.

— Bem, vamos começar a trabalhar, ok?

— Certo, Dr. Paulo. — concordou, respeitoso, transformando em túnica de toureiro o guardanapo aberto, que, em um só movimento, formou ondas de vento em minha direção. Raul não era nada econômico, sua vasta e negra cabeleira parecia um depósito de gordura rançosa, misturada com sabão em pó, desejando, arduamente, ser diluída pelas hélices da máquina de lavar. Era caspa!

— Observe, Raul, sua testa está mais enrugada que pintinho na Sibéria, e seus olhos, assustados como em uma noite de exorcismo.

Raul era duro na queda; parecia um boneco de cera movimentado por um ventríloquo. E, assim, algumas horas se passaram. Teci, delicadamente, comentários sobre o corte de cabelo, que mais parecia com o topete do personagem Cepacol. E o par de sapatos? Era demais! Lembrava-me um juiz de futebol, apanhando da torcida do Flamengo; a sola totalmente esgarçada e o cadarço sem nó. Já quase no final eu disse:

— Raul, meu amigo, olhe os talheres em suas mãos!

Conhecia Raul desde menino, e seu apelido nas rodas íntimas era "corvo mágico", pois, apesar do pessimismo comum do dia a dia, era incrível a sua capacidade de ganhar dinheiro. Ele parou, ergueu a cabeça olhando para lugar nenhum e saiu logo, em defesa própria, como uma criança mimada no dia de seu aniversário:

— Não é assim que se come uma bela macarronada? — disse, todo agitado, ensaiando um sorriso desapontado.

— Que eu saiba, não. Nem macarronada se come assim, que dirá pratos finos como esses. Se você, Raul, quer descobrir uma maneira simples de viver, tem que recomeçar e reaprender com um simples prato de alimento na mesa, e terminar na cama, fazendo amor com sua mulher. Movimentar em silêncio as bochechas e os dentes, até mesmo as portas da casa e da geladeira. Ser discreto para calçar os sapatos e meias e lavar as próprias cuecas, com o mínimo de sabão e energia. E, é claro, Raul, eduque seus pensamentos hoje, para não ser um aloprado amanhã. Maneire seus movimentos agora, para não ser excluído depois. Equilíbrio da mente, controle das emoções e assertividade nas ações, hoje, é o ícone de sucesso do amanhã.

A ansiedade de Raul ultrapassava o limite do bom senso.

— Raul — perguntei —, o que te aflige tanto o tempo todo?

— Colega — disse-me ele —, não tenho dormido à noite. Tenho tantas causas jurídicas, tanto serviços, que já não aguento mais.

Raul estava tão ansioso que caiu em prantos e, compulsivamente, colocou o próprio guardanapo no rosto, não percebendo que a multidão nos olhava em estado de choque.

— Há quanto tempo você não faz uma pausa?

— Há vinte anos — respondeu ele.

— Há quanto tempo você não sai para jantar com a Leninha e as crianças?

— Não consigo encontrar tempo para isso. Meu escritório vive lotado, compromissos, viagens, queda do dólar, mudança de governo, meu time perdendo o campeonato. Maurício vai sair de casa para morar com a namorada; Leninha engordando e se vestindo como uma perua, no dia de Natal...

— Pare, Raul — atropelei. — Pare. Você está fora de controle...

— O que eu faço... Paulinho...

Raul apelou. E apelou feio: "Paulinho?!" Nunca me chamou assim!

— *Pare de assumir o mundo, Raul. Essa sua ansiedade é fruto da ausência total de observação e reflexão sobre seus movimentos. Você é um excelente profissional, entretanto, um péssimo administrador.*

— *Como assim?*

— *Administrar, Raul, é reconhecer seus próprios limites. É reconhecer sua área de atuação e executar tarefas com ponderação. É identificar seus limites e conviver com eles, é ter ambição na proporção de seus talentos.*

— *Por onde começar?* — *perguntou, gaguejando.*

— *Selecione clientes, elimine motivos que não agregam. Discipline seu tempo. Faça exercício, almoce duas vezes por semana com a Leninha. No final de semana, esqueça a escrivaninha e saia com seus filhos. Cuide da caspa, curta seu corpo na banheira. De que adianta sua mansão, se você só vive no quarto? De que vale seu belo escritório, se você só enxerga os livros? Raul, se não estou enganado, você tem a minha idade. É hora de encaminhar os filhos, ampará-los, dividir seus lucros...*

— *Caramba, Paulo, como vou fazer tudo isso?* — *Raul movimentava os joelhos e pernas, como bailarina em show, em dia de estreia.*

— *Simples* — *disse eu* —, *ao terminar nosso jantar, vá para casa e diga a Leninha que você a ama; ligue para seus filhos, Maurício e Gilberto, e conte-lhes o que aconteceu e se eles estariam dispostos a ajudá-lo a recomeçar uma vida em família. Traga-os para ajudar a cortar a grama do jardim no final de semana. Compre equipamentos para a Leninha cuidar das flores. Troque as lâmpadas queimadas, conserte o chuveiro e as torneiras. Raul, o ser humano nasceu para viver com os pés no chão e não com a cabeça na lua. Pare e comece tudo de novo.*

Raul parou de choramingar.

— *Tem jeito, então, Paulo?*

— *Claro que tem, Raul. Pare de achar que você pode encolher o tempo e viver, agora, o próximo ano.*

Bem, hoje, Raul vive feliz. Reaprendeu muitas coisas esquecidas no tempo e até ficou fino. Fino até demais, para o seu estilo. Adotou um pequinês para caminhar com ele nas horas livres e se tornou um campeão culinário na agremiação de seu bairro.

É claro que esses exemplos do Raul não cabem a você e a ninguém! É, simplesmente, uma história que jamais aconteceu. Somente o contrato que, para minha alegria, foi assinado naquela noite. Aliás, um ótimo contrato!

Devemos e podemos manter a simplicidade em todo e qualquer lugar, mesmo os mais finos e requintados, pois o que faz a grande diferença é sempre a nossa postura. Postura significa movimentos naturais que se encaixam conosco no tempo e no espaço em harmonia absoluta. É pura reeducação interna; não precisa vir do berço, pois habilidades e competências se adquirem, desenvolvem-se. Ser fino e educado é um dever de todos nós. Agora, descobrir nossas virtudes, digo, habilidades, é uma questão de força de vontade e continuidade no processo para, no final, conquistarmos o sucesso permanente e nos tornarmos um talento, que nada mais é que o somatório das nossas habilidades e competências; ou seja, virtude com conhecimento, naturalidade com técnica e espontaneidade com exercício permanente.

A ansiedade, dependendo de seu grau, gera um curto-circuito em nosso campo mental. Gera interferências e, consequentemente, perda do discernimento, pois sem noção real do nosso Universo de Conflitos e Soluções, geramos movimentos contrários à nossa natureza e perdemos a capacidade de avançar e recuar; perdemos o senso crítico.

A ansiedade, sem a profunda reflexão de suas origens, sempre vai gerar um fator chamado frustração. A ansiedade é a mãe da frustração.

Dicas para acabar com a ansiedade:

- refletir sobre as verdadeiras necessidades;
- entrar em filas de vez em quando;
- não correr acima da velocidade permitida;
- respeitar semáforos;
- dar passagem para pedestres e mais velhos;
- auxiliar crianças e idosos em suas necessidades;

- ouvir o outro com atenção;
- saber ouvir críticas e opiniões diferentes das nossas;
- jamais responder sem refletir.

Vamos agora nos aprofundar mais na frustração. Mas o que é frustração, mesmo?

Frustração

É o desconforto interno, trazido pela expectativa não atendida das nossas ilusões (caprichos, desejos, sonhos, objetivos).

A frustração é sempre uma decepção, a curto, médio ou longo prazo. A frustração a curto prazo é aquela de impacto, que nasce de uma decepção causada por uma expectativa imediata, que não ocorreu ou um fato inesperado. Por exemplo: o desejo de fazer uma viagem ao exterior que não foi possível porque a minha realidade financeira não permitiu, por acidente de percurso ou, ainda, uma grande decepção amorosa ou emocional.

Já a frustração de médio prazo é aquela expectativa alimentada durante um período razoavelmente longo: o emprego que eu tive que aceitar por falta de opção; uma promoção que esperei e não chegou; o dinheiro da construção que acabou; *by pass* e por aí afora...

A frustração de longo prazo é aquela em que eu crio uma expectativa, uma ilusão e, depois de muito tempo, tomo consciência de que não irá se realizar, nem no dia seguinte, nem nunca. E, com isso, crio um inconformismo sem solução e me acomodo; ou seja, empurro com a barriga. Por exemplo: uma pessoa que chega, à velhice, gorda, feia, acabada, com um casamento malsucedido e que passou a vida inteira lamentando, porém nada fez para mudar. Empregos de cabide etc.

A frustração é sempre o pano de fundo para o inimigo público número 1, que vem assolando a humanidade: o estresse. Não vamos esquecer que, dependendo das circunstâncias que nós não aprendemos a administrar, ela, a frustração, sai do nosso controle, retroalimentando a ansiedade. E esta última alimenta a frustração, desembocando no estresse. É aqui o ponto de parada; a hora de "cairmos na real". A partir desse ponto não vamos mais aguentar, vamos explodir. É hora de amadurecer, fazer uma análise profunda e encarar a verdadeira situação, doa a quem doer, principalmente a nós mesmos. Precisamos acordar desse pesadelo que nos aflige 24 horas por dia, a ansiedade e a frustração. E não é tão difícil; o que precisamos é acordar dos sonhos, imaginações, da criação de esperanças que não existem. O que existe é planejamento, foco e trabalho em cima da realidade que nós mesmos construímos. E sem autopiedade.

RESUMINDO:
o caminho é parar de sonhar e de criar expectativa, acabando, consequentemente, com a ansiedade e a frustração. Como teremos que fazer isso, mais cedo ou mais tarde... vamos começar hoje!

Mas por onde começar?

Saneando os excessos em todas as direções de nossos pensamentos, nossas ideias, nossas emoções, nossos interesses e ambições. Então, é só esperar. Tudo vai mudar se, de fato, nós quisermos deixar para trás a imaturidade. Somos, na maioria das vezes, ainda infantis, esperando um milagre para atender a nossos anseios e desejos; isso que chamo de sonhos. É hora de parar com isso; o mundo mudou sem que percebêssemos. O movimento da vida, sem a compreensão das causas e efeitos, torna-se um elefante com as patas prontas para nos esmagar... Pare com isso! Amadureça, enfrente ponto por ponto, não deixando nada para trás. Eu tenho um nome para isso: construção da maturidade. Reinvenção! Vai doer, mas posso lhe garantir que vai passar e você sairá mais forte. E em um futuro próximo você será um novo ser, maduro, comprometido com você mesmo. **Bem-vindo à era do ser compacto!**

Estresse

É o esgotamento interno que traz desequilíbrios e, consequentemente, descontroles emocionais.

O estresse, segundo nossas pesquisas do comportamento humano, nada mais é do que o resumo de nossas ansiedades e frustrações, resultado de experiências adquiridas sem elaboração; ou seja, experiências que absorvi e das quais ainda não tenho consciência.

É uma exaustão interna, que culmina em vários tipos de desequilíbrios, tanto físicos como emocionais, por pura falta de observação e reflexão de nossos movimentos.

Podemos dizer que o estresse é uma extensão da ansiedade e da frustração que, sem o devido cuidado, pode nos levar à angústia e à depressão.

Ele é sempre resultado de um acúmulo de energia viciada em nossa atmosfera mental, que nos dá a sensação de que tudo é, simplesmente, nada. É o sinal de que eu preciso mudar alguma coisa (ou *tudo*) em minha vida; dar um *plus*, expandir. Ou eu me organizo, seleciono, cresço e desenvolvo a disciplina e a continuidade, ou a ansiedade, a angústia e a depressão vão assumir o comando da minha vida. Com certeza vou dar um grande salto... porém, não para cima, mas sim para baixo, pois a impulsividade e a omissão tomarão conta de mim se nada for feito.

O estresse é sinal de mudanças. É um cansaço, um esgotamento das minhas atividades internas; é um enjoo interno e uma diarreia mental pedindo banheiro; é o vômito emocional pedindo penico.

A maioria das pessoas confunde muito o estresse e a estafa.

ESTAFA é o cansaço físico ou mental, pelo simples excesso de movimentos ou atividades diárias.

Podemos nos recuperar facilmente dela, com cuidados, moderação ou sono. A estafa é passageira. Pode nos provocar irritabilidade interna, mas é de fácil solução a curto prazo. Estresse não é apenas cansaço, mas sim uma insatisfação, alimentada por inconformismo e frustrações acumuladas.

Veja, a seguir, algumas dicas para identificar o estresse:

- falta de vontade de se levantar, pela manhã, para as atividades habituais;
- realizar as tarefas sem estímulo;
- rotina;
- indiferença com os resultados;
- desleixo consigo;
- descuidos gerais;
- vontade de se livrar de tudo;
- desejo de ir para a Lua, Marte, Vênus ou apenas para o inferno;
- mau humor com aqueles que amamos;
- irritação com atividades alheias;
- gritar, sem motivo aparente;
- inveja, ciúmes.

O estresse é sempre um sinal de mudança obrigatória. Se identificá-lo no ninho, ele pode ser uma grande turbina, para meu próximo voo. E quais são as ferramentas para identificá-lo? Observar, refletir, tomar atitude, agir e saber esperar.

Tem relação com a postura e está associado à necessidade de mudança de comportamento e de saneamento e organização dos nossos movimentos internos. Ele é sempre resultado do acúmulo de coisas antigas, do amontoado de pendências de todas as vertentes de nossa vida, sinalizando mudança de padrão vibracional. Você já nasceu e esqueceu de crescer. Você entrou embaixo do chuveiro de roupa; terno e gravata. É a vida exigindo de você um realinhamento, em direção à sua coordenada cósmica.

RESUMINDO:
o estresse é o sinal amarelo no cruzamento da sua vida.
É movimento para entrar na avenida do crescimento interno.

É importante dizer que férias não acabam com o estresse. O que acaba com ele é você resolver todas as suas pendências, eliminar aquilo que o incomoda internamente. É começar a fazer o que tem que ser feito, sem deixar também de fazer o que realmente lhe traz realização; é eliminar a bisbilhotagem interna e a externa. Parar de perder tempo e utilizar melhor seu potencial e expandir. Repito: férias podem não acabar com o estresse; ao contrário, pode, algumas vezes, piorá-lo.

Para ficar mais claro, vamos entender um novo estilo de férias, segundo a minha concepção.

Bem, comumente entende-se como férias os momentos de lazer nos quais você relaxa, viaja, passeia, gasta, troca energia com o mar, parentes e amigos. Vai pescar, caçar etc. Na essência, é a busca pelo nada, dando uma folga para a mente, ocupando-se de outras coisas que não as usuais.

Identifiquei dezenas de pessoas, e eu me incluo entre elas, que, quando saem de férias, sentem-se deslocadas; pois, à medida que você executa suas tarefas com amor e dedicação, é muito difícil interromper o processo interno de crescimento e produtividade. Cada vez mais as pessoas descobrirão suas verdadeiras habilidades e competências, e se tornarão talentos, ou seja, pessoas que realizam suas funções ou tarefas com arte e técnica, ou virtude e conhecimento. Cedo ou tarde... nós teremos que mudar nosso conceito de férias.

Vamos refletir: nas férias, buscamos parar. E por quê? Porque nas férias queremos descansar. Mas descansar de quê? Acredito que é porque ainda não fazemos aquilo de que gostamos; ganhamos o insuficiente, num lugar que não nos agrada; tampouco somos reconhecidos e valorizados.

As férias, como ainda a entendemos hoje, tornam-se um verdadeiro pesadelo para aqueles que já estão no comando de suas próprias vidas, pois com o Universo de Conflitos e Soluções sob seu domínio, suas vidas são um eterno conhecer, um sempre "vir a ser". Administrando com arte suas emoções, estão em harmonia consigo mesmos. E, só por isso, suas vidas já são um sucesso. Suas vidas são pautadas por momentos nos quais se encaixam em seu próprio ritmo, dentro dos seus próprios limites, amando o que se faz e fazendo tudo, naturalmente, sem esforço. É o trem no trilho a caminho da estação.

Um dia, um pouco distante de hoje, viveremos em férias o tempo todo, mas sempre conscientes dos nossos próprios limites de atuação, encaixados com solidariedade. E o que é importante: não mais fugir do que nos traz o desconforto, o "saco cheio".

Hoje já podemos (e devemos) encontrar o equilíbrio entre as necessidades de sobrevivência do dia a dia e aquilo de que gostamos de fazer. Isso, hoje, ainda é importante, pois precisamos crescer com as adversidades. Já no futuro, as férias serão utilizadas para a execução de projetos específicos e autoprojetos, que vamos parceirizar com nossos filhos, esposa e amigos. Um período cheio de atividades construtivas, edificantes para a comunidade e para nosso meio social. Ou seja, acabaremos com o estresse, mas em plena atividade autoeducativa (descansar, produzindo). Vamos fazer o que amamos, com a mesma dedicação, para fins humanitários. Para muitos, hoje, as férias já provocam um imenso vazio, uma espécie de angústia causada pela inutilidade transitória. Desejamos que elas acabem logo e não sabemos que este vazio é porque ficamos longe do que amamos fazer. Esses já estão preparados para fazer mais, produzir mais. Mas é claro que ainda há um longo período para essa renovação em nossa vida, porque, antes de isso tudo acontecer, ainda teremos que expandir a era da autogestão, além de respeitar os limites de quem amamos e com quem convivemos.

Agora, voltando ao estresse, ele é um dos movimentos contrários à autogestão, pois autogestão é a arte de administrar as adversidades da nossa vida. É a capacidade de vencer limites, agregando valores positivos e negativos nos vários ambientes da nossa vida, de forma gradual, planejada e avaliada, transformando-os em lições permanentes. Autogestão é o predicado do sábio. É o reflexo da sabedoria que só um comandante pode ter.

LEMBRE-SE:
o estresse é a necessidade de mudança efetiva, sendo fruto de mudanças obrigatórias. Observe seus movimentos, pensamentos e ideias, e promova uma reinvenção em você. Reflita sobre os motivos, a raiz do que está incomodando, e você vai descobrir, com o tempo, que parar não é a solução final, mas sim produzir sempre, em outras direções, além de diversificar atividades e relaxar, buscando a harmonia de seus movimentos.

Finalizando: devemos entender que a maneira como lidamos com o estresse depende sempre de nossa postura interna. O estresse é uma sinalização clara de advertência da sua força interna querendo caminho para se manifestar e multiplicar o seu potencial produtivo. Se você aprender como tratá-lo, será de grande valia, uma excelente ferramenta para o crescimento. É hora de reinvenção.

Mas a grande maioria das pessoas, por pura falta de reflexão, não sabe lidar com ele. Nesse momento é que vem a angústia. E, depois, a depressão, que nada mais é do que a ampliação do estresse.

Angústia

É o primeiro sinal de depressão, por conta do acúmulo de situações conflitantes, informações desconexas, frustrações e perdas, implodindo dentro de nós. É a força interna querendo se expressar.

Angústia é a materialização do estresse e um passo anterior da depressão.

Dicas para perceber a angústia instalada:

- dor no peito;
- suspiros longos e profundos;
- vontade de chorar, sem motivo aparente;
- tristeza inesperada;
- melancolia.

Depressão

É a diferença entre "o que você está" (mental) e "o que você realmente é" (força interna).

Depressão é a força interna, exigindo espaço para se expressar. É um sinal inconsciente de que não superei os meus limites. Já sou, mas ainda não sei que sou. É sinal urgente, na verdade, urgentíssimo, de que preciso crescer, expandir e autogerir-me.

Identifiquei a depressão como sendo um reflexo de nossas insatisfações internas, em um de seus picos mais altos. Vivo preso dentro de um castelo de vidro, quando já poderia habitar, livremente, um castelo em rocha firme. Estou andando sobre espinhos, quando poderia caminhar sobre flores. Estou respirando em Nova York, mas poderia navegar em um lago suíço. São sempre efeitos de pendências acumuladas, para as quais já não vejo solução. Temos, dentro de nós, uma energia que tem que sair e ser trabalhada, burilada e ampliada. Ela é como uma semente sem água e uma flor sem sol: vai murchar. Nós somos essa semente que precisa da água da realização íntima, bem como do sol da expansão interna. Com os solavancos da vida, ocorre um afastamento de mim mesmo e, consequentemente, para com os outros. Nesse afastamento, não transfiro e não recebo mais inovações; não acompanho as transformações externas; não troco mais experiências. Enclausuro-me na casca da solidão, retenho todo o meu potencial, sustentado pela falta de perspectiva profissional, familiar e social, e acabo alimentando a bisbilhotagem, ou, ainda, todos os elementos do fator inútil dentro de mim.

RESUMINDO:
já sou mais do que penso que sou.
Ou seja, já sou, mas ainda estou.

Alguns sinais da depressão:

- mentir para si mesmo;
- falta de coragem para higiene pessoal;

- desleixo com todas as coisas, inclusive consigo mesmo;
- excesso de sono ou insônia;
- pesadelos;
- medos súbitos;
- profunda insegurança;
- oscilação emocional da alegria para a tristeza e vice-versa;
- desânimo profundo, sem vontade para nada;
- excesso de sensibilidade ou insensibilidade;
- sensação de solidão contínua, mesmo quando perto de pessoas;
- as coisas na vida perdem o sentido;
- ideias e comportamentos de autodestruição.

Antes de nos aprofundarmos para a análise desse estado, que hoje aumenta assustadoramente no mundo todo, vamos conhecer a história de Perincalho, caso típico de depressão:

Perincalho, o vivo morto

Perincalho era, ou melhor, é, uma pessoa uniformizada de terno e gravata, 24 horas por dia. Até para ir ao banheiro e sentir o frescor e perfume de seu PIB — Produto Interno Bruto — ele usava gravata.

— Perincalho — perguntei-lhe —, é sério? Você usa terno e gravata para ir ao banheiro?

— Pior, Dr. Paulo, pior. Já me surpreendi chegando do trabalho, deitando e dormindo de terno, meia e gravata, sem perceber.

— Por quê? — indaguei, fervendo de curiosidade.

— Minha depressão é tão grande, que nem vontade de tomar banho eu tenho; além do mais, no outro dia terei que vesti-lo novamente...

— Mas a mesma gravata, camisa e meia... — Ele não me deixou terminar.

— Você já teve depressão, Dr. Paulo?

— Não, acho que não.

— Pois é — disse Perincalho —, com certeza não, pois, caso tivesse tido, saberia que dormir de terno e gravata é querer morrer com estilo.

— Por quê? — indaguei.

— A vontade, a esperança, é a de não acordar no outro dia. Estar de terno e gravata economiza tempo e trabalho para os parentes, no funeral.

Dona Queixuda, esposa de Perincalho, encostada na prateleira de minha sala...

— Sabe o que é, Dr. Paulo, é que Marisco — primeiro nome de Perincalho — há cinco anos vem cortejando a morte. Em um processo além-túmulo, já deita de sapato e tudo. Quando está frio, veste um sobretudo preto, com uma rosa vermelha no bolso esquerdo, sem esquecer, é claro, o cachecol no pescoço, afinal todo morto é frio.

Percebi, logo de cara, que o assunto era muito interessante.

— Você fez algum tratamento? Foi a algum especialista?

— Claro que sim, mas a resposta era sempre a mesma: "Você tem que reagir, tome seus remédios e blá, blá, blá...".

— Você nunca tentou uma terapia intensiva?

— Não, nunca tentei.

— Por que não? — indaguei.

— Tenho medo de descobrir que sou um caso perdido. E aí? É melhor ter a sensação de que amanhã pode ser outro dia.

Indiquei a ele uma psicoterapeuta, a Paula, minha esposa, mas ele não aceitou. Uma semana depois, ele foi ao meu escritório, pois um dos nossos advogados o ajudava a gerir seus negócios. Durante suas visitas, nas semanas seguintes, Perincalho começou a aflorar sozinho, com um pouco de provocação:

— Perincalho, fale um pouco de sua infância; afinal, você é um privilegiado no bolso e na inteligência.

— Bem, Dr. Paulo, quando criança eu era o azar da família...

Não precisou muito e Perincalho começou a chorar.

— Por ser filho único, nunca faltou nada, tampouco cobranças. Na mesa de jantar tinha que seguir a etiqueta: três facas, dois pratos e a sobremesa (com critério, para não engordar). Chá das 5 era infalível. Todas aquelas senhoras, amigas da mamãe, a falar da vida alheia e a comentar, com toda exatidão, os detalhes *de cortinas, tapetes e toalhas. Todas elas com cachorrinhos poodle, presos por coleiras douradas de pelúcia e penas de pavão. Eu, de terninho e gravata borboleta, assumia o papel de garçom e recebia, em troca, um "Obrigada, lindinho, você é um amor. Traga-me uma bolachinha para o Fred". Todos os cachorros tinham nome de gente: Fred, Wilson, Kate, Maribela. Eu mesmo era chamado de lindinho, coisinha fofa; minhas pobres bochechas pareciam mamadeiras quentes, pois eram beliscadas o tempo todo, pelo indicador e polegar daquelas sirigaitas. E lá ia eu, distribuir bolachinhas de chocolate e mel para a cachorrada toda. Na adolescência, visitava parques e museus, trajando suéteres listrados, trazidos de Londres, e, gravatas brancas, bordadas com letras bordô. Era a fantasia do verão. Calor de 40ºC, mas o paletó era o toque de nobreza, o charm. Porém, o que mais me incomodava era dar banana para os macacos, com luva de pelica, para evitar contaminação. Pipocas, sorvetes e cachorro-quente, nem pensar.*

— Por quê? — indaguei, pois Perincalho, um pouco constrangido, calou-se e mudou a conversa para outra direção.

— Pipocas engordam, sorvete dá resfriado e cachorro-quente é sobra animal, ora bolas...

— E daí, Perincalho?

Marisco, em atitude de revolta, contra-atacou.

— E daí é que, quando me tornei um jovem bonito e elegante, tinha medo de pegar sarna até de gato pardo e não saía sozinho, com medo de ladrão.

— Continue, Marisco, continue.

— Quando minha mãe morreu, deixou-me uma recomendação: "Filho meu, não esqueça de lavar as mãos antes de qualquer refeição e de escovar os dentes; preste atenção, não deixe restos no prato, pois isso é falta de educação. Use sempre sabonete, sem cheiro e, antes de se deitar, faça suas orações". Quem aguenta uma mãe tão cuidadosa, chata, que fala tudo com rima e frases de combinação? Hoje eu tenho mania de perseguição. Só desfruto dos negócios de meu pai. Vivo sempre assustado, achando que vou ficar pobre. Sou

assolado por pesadelos, nos quais mamãe ressuscita. Sou alérgico a cachorro e gato, espirro ao menor contato e não gosto de diversão.

— Fale um pouco de seu pai, Perincalho.

— Bem, Dr. Paulo, o velho era demais. Era demais. Não dava a menor atenção para as reuniões da mamãe. Quando ele chegava, o cenário mudava. As ladies tentavam esconder os cachorros atrás das cortinas. A latição da cachorrada parecia festival da carrocinha de rua, quando pegava os cães para fazer sabão. Era um tal de desviar a conversa, que mais parecia galeria de teatro em pré-estreia: cenário lírico, temperado com gemidos, açoitado por ruídos de motor de caminhão. Era mesmo muito engraçado. Papai descia do quarto só de ceroula e camiseta italiana. O peito cabeludo fazia-o parecer um orangotango, soltando gases pelo salão. O velho era demais... demais...

Finalmente, Perincalho riu como uma criança peralta correndo atrás de balão.

— Certa vez — continuou, todo empolgado —, papai chegou bem no meio da reunião, e de surpresa. Sentou-se no sofá e, na maior cara de pau, perguntou: "Perincalho, qual a fofoca de hoje? Quem é a infeliz e desafortunada vítima?". E eu respondi: "É o prefeito, papai, o marido da dona Doca". Dona Doca estava presente. O fora foi tão grande que papai quis remediar: "Ora, ora, então está tudo certo. O assunto é política, sobre um grande político, um democrata nato, é ou não é, Dona Doca?". Papai riu como nunca, levantou-se e me pegou pelas mãos. Dei graças a Deus. Ele falou: "Vamos, vamos, Marisco, que a noite é uma esperança". Dei muita risada...

Sem querer, descobri uma notável e fascinante novidade sobre mim: além de advogado e amigo, eu deveria ser um psicólogo de meus clientes. Na semana seguinte, Perincalho voltou acompanhado de Queixuda, sua esposa.

— Marisco — disse ela, na bucha e sem sutilezas —, conta para o Dr. Paulo que você já entrou na banheira cheia de sabão, de casaco, terno e sapato, para aliviar a depressão.

Perincalho ficou vermelho. Fui em seu socorro.

— Bem, Dona Queixuda, às vezes é bom sair do natural...

— Não o Marisco, Dr. Paulo; ele fez isso mais de dez vezes, em um mês.

— Ah! Dr. Paulo, é uma agonia... — disse Perincalho, com cara de piedade.

— Perincalho, vou lhe recomendar algumas ações, pois tenho certeza de que você precisa mesmo é de uns tapas no traseiro.

— Oba, papai voltou — disse ele, sorridente.

— Você vai tirar férias e, nelas, fazer o que você sempre quis ou desejou. Vai andar descalço o tempo todo, trajar shorts, camiseta italiana, comer amendoim, pipoca. Fazer amor com vontade e liberdade com sua esposa. Você está proibido de usar gravata, paletó e ceroula. Vai andar pelado pela casa o tempo que quiser. Quando você voltar, vai arrumar um emprego, de preferência cuidar e assumir os negócios de seu pai. Você já não precisa mais de mim. Vou te aconselhar, caso precise, mas somente depois de falar com a Queixuda. De preferência, só apareça aqui daqui a um ano. Você precisa de problemas, de ocupação. Assumir o comando de sua própria vida, passar de ano. Suas peripécias, na verdade, são falta do que fazer e fazer bem-feito.

Um ano se passou, e Perincalho apareceu no escritório de surpresa. Tinha assumido a gerência dos negócios.

— Olá, papai — disse, brincando —, passei de ano. Trabalho tanto agora e com tanto gosto que já não tomo mais banho de roupa, por causa da depressão, e sim por cansaço e gozação.

— O quê? Você ainda toma banho de terno?

— Não, Dr. Paulo, só de meia, sapato e gravata e, é claro, o chapéu é para boiar, pois ele é o meu barquinho à vela, e eu brinco de navegar... — Rimos a valer...

Como vimos, o estado de depressão de Perincalho, já em estado avançado, tirou-lhe completamente a vontade de viver e continuar...
Vamos analisar Perincalho.

As adversidades da infância tiveram repercussão no futuro? Sim e não. Mas, de qualquer forma, serviram para justificar suas atitudes infantis. Pergunto: ele tinha inteligência para vencer seus limites, mudar de rumo, passar de ano e acabar com a depressão? Vimos que sim. Mas por que não o fez antes?

1º AUTOPIEDADE: acreditou que sua mãe era o modelo máximo de sua existência. Negou-se a aceitá-la e preferiu a "coitadisse". Bastaria ele olhar ao seu redor e refletir sobre os fatos; então, seu destino teria sido muito melhor.

2º IMATURIDADE: quis continuar chamando a atenção para si, acreditando que ainda era o menininho das madames, que dava comida aos cachorros. Falta de senso crítico.

3º IDOLATRIA PATERNA: por desconhecer seu próprio potencial, que poderia ser maior que o do próprio pai, idolatrava o pai, sem o menor constrangimento. Ausência de iniciativa própria para descobrir seu potencial. Falta de observação e reflexão.

4º FALTA DE TER O QUE FAZER: por nunca ter passado dificuldades, acreditou que a vida seria sempre um mar de rosas. Embora com um potencial grande, porém desconhecido, desenvolveu a depressão, sufocando o seu próprio conteúdo; ou seja, sua força interna. Era um sujeito estressado.

Causas da depressão:

- impulsividade;
- dependência de tradições "apodrecidas";
- omissão;
- perda do controle da própria vida;
- autopiedade;
- ócio;
- mágoa (imaturidade);
- falta de iniciativa própria;
- falta de aproveitamento do próprio potencial.

Ela é causada também por:

- fazer o que não se gosta, por muito tempo;
- fazer sempre aquém do que devia;

- falta de reflexão;
- aceitar tudo, sem entender nada;
- bisbilhotar;
- má-fé.

O melhor remédio para a depressão e para voltar ao caminho natural é:

1. aceitar, conscientemente, o que não dá para mudar naquele momento;
2. fazer o que se gosta, sempre que puder;
3. dedicar-se ao que gosta, buscando a autorrealização, sempre que possível;
4. aperfeiçoar-se no que faz, mesmo não sendo aquilo que ama;
5. medir sua própria capacidade, autogerindo-se nos diversos segmentos da vida;
6. não cometer excessos, sem um bom motivo, refletindo sobre as consequências e todas as alternativas, caso as tenha;
7. não aceitar mais aquilo que já posso mudar; e mudar, sair do comodismo.

Enfim, viver, intensamente, aquilo que se faz, o tempo todo; aceitando e administrando, como lição de crescimento, aquilo de que não se gosta. Assim como os dias são compostos de sol e estrelas, luz e escuridão, nada mais justo do que aceitar nossa condição presente, numa boa; mas sem conformismo, melhorando e mudando tudo aquilo que estiver ao nosso alcance.

Vamos falar um pouco mais sobre nossos movimentos emocionais representados na senoide da vida.

SENOIDE DA VIDA

É a representação gráfica dos equilíbrios e desequilíbrios das polaridades emocionais. Foi desenvolvida para materializar a linha de dualidade emocional que envolve os sentidos e a mente.

Saiba que, quando estamos no limite de nossas emoções, os prejuízos são inúmeros, na direta proporção do nosso desequilíbrio! Antes de chegarmos às polaridades, já recebemos inúmeros avisos de que a coisa não vai muito bem. Para tornar mais fácil nosso entendimento, vamos visualizar dois tipos de emoções, comuns do nosso dia a dia.

No gráfico a seguir, a senoide da vida, coragem e medo, representa as polaridades das emoções em equilíbrio. A coragem e o medo nos levam a reagir de formas diferentes diante das situações da vida: a coragem, a avançar ou ponderar, e o medo, a recuar ou atacar.

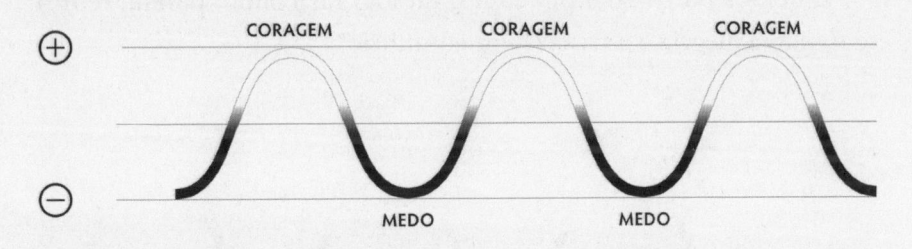

Agora, a seguir, as polaridades emocionais na senoide da vida e a perda do controle das emoções.

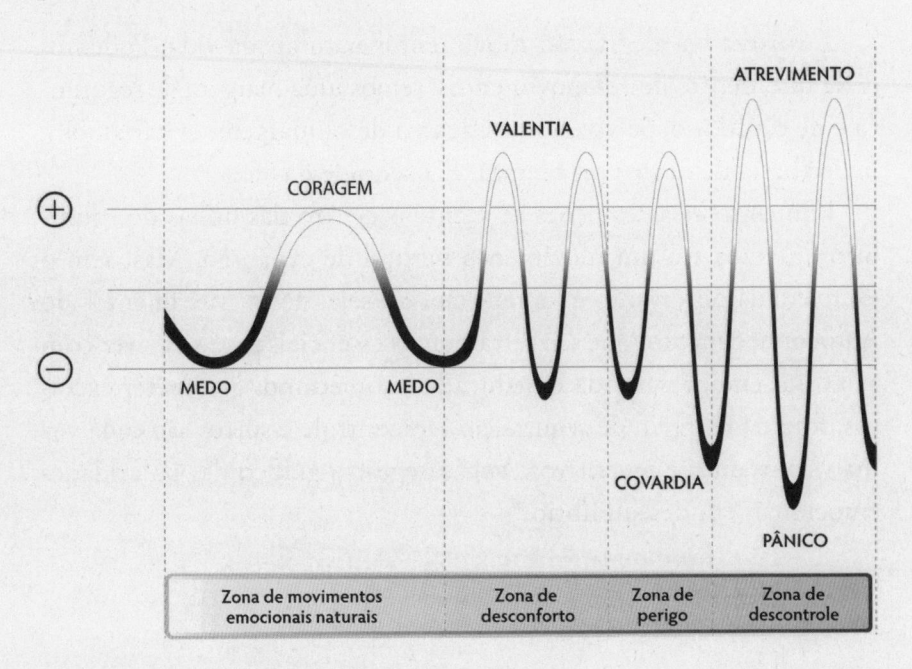

Nesses movimentos emocionais excessivos e repetitivos, avançamos ou recuamos demais e, assim, caminhamos para as polaridades máximas: saímos do equilíbrio e entramos nas zonas de advertências.

É importante dizer, também, que esses movimentos são dinâmicos: quanto mais mergulhamos em uma das polaridades, mais trabalho teremos na hora de retornar, pois iremos para o lado oposto na mesma proporção, para compensarmos o excesso cometido. A frequência com que nos deslocamos dentro dessa senoide determina as zonas de advertência que estamos vivendo.

Daremos outro exemplo com o mesmo raciocínio, porém, representando a alegria e a tristeza em equilíbrio.

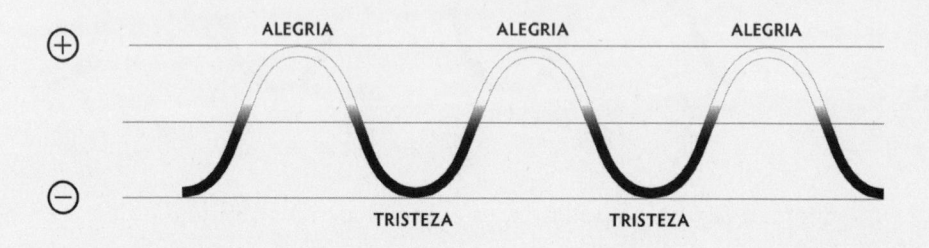

A tristeza e a alegria são movimentos naturais da vida. Podemos dizer que, dentro desses movimentos, temos uma margem de segurança e de equilíbrio. Se vivêssemos dentro dessa margem, evitaríamos a maior parte de nossos problemas. É a senoide da vida.

Enquanto essas emoções se mantêm dentro das linhas de equilíbrio, estamos em um movimento natural de expansão. Mas, sem o exercício da observação e da reflexão, ou seja, dos 5 Movimentos do Autoconhecimento, que são ferramentas essenciais para conviver com as nossas emoções, ainda deseducadas, começamos a cometer excessos, fora da margem de segurança. Descontrole e surtos são cada vez mais constantes e repetitivos. Veja a seguir o gráfico das polaridades emocionais em desequilíbrio:

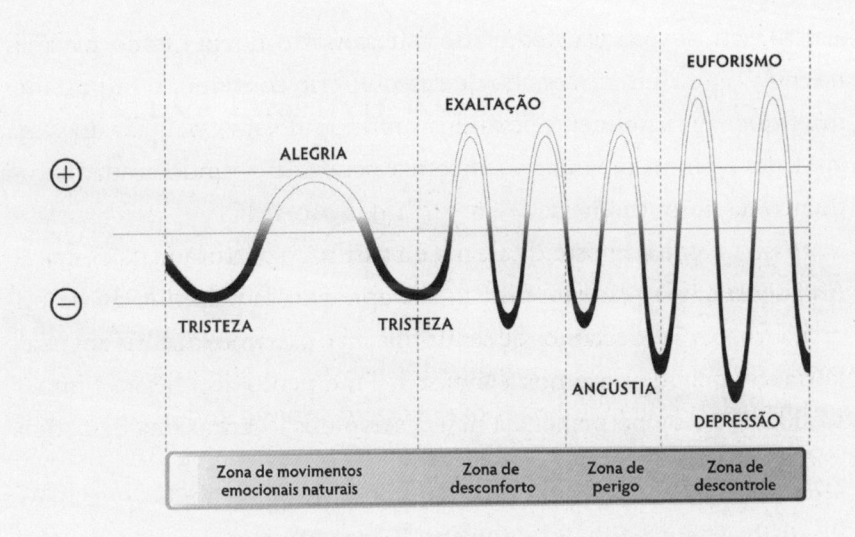

Nesses movimentos, entramos nas zonas de advertências.

É importante também dizer que esses movimentos são dinâmicos e que, quanto mais mergulhamos em uma das polaridades, mais trabalho na hora de retornar, pois iremos para o lado oposto na mesma proporção, para compensarmos o excesso cometido. A frequência com que nos deslocamos dentro dessa senoide determina as zonas de advertência que estamos vivendo. Para entender melhor esses movimentos e seus efeitos, vamos dividi-los em três zonas de advertência: zona de desconforto, zona de perigo e zona de descontrole, que definiremos durante a explicação a seguir.

Quando estamos carentes, para compensar o nosso vazio, potencializamos nossa alegria, com excessos de risos, gargalhadas inconvenientes e gestos abruptos e, com isso, vamos entrando no estado de exaltação. Neste momento, já estamos saindo da zona de movimentos emocionais naturais e entrando na zona de desconforto.

ZONA DE DESCONFORTO é quando você vê que alguma coisa está errada e ainda não descobriu o que é. É a ansiedade à vista.

Se, neste momento, observarmos e refletirmos nossos excessos, recuamos e voltamos à zona de equilíbrio e tudo volta ao normal. Caso isso não ocorra, permanecemos na zona de desconforto, acabamos nos acostumando com ela. Com isso, alteramos o nosso estado natural, vivendo, agora, em um estado de desequilíbrio contínuo. É importante dizer que, aparentemente, estamos suprindo nossas carências, mas, na verdade, estamos tapando o sol com a peneira e cavando ainda mais o buraco da nossa carência.

Assim como o oposto da alegria é a tristeza, o outro lado da exaltação é a angústia. Na primeira dificuldade apresentada pela vida ou na primeira frustração, deixamos de sentir tristeza e passamos a sentir angústia. Portanto, quando sentimos a angústia, é momento de reflexão e impessoalidade, pois a permanência neste estado nos levará à zona de perigo.

ZONA DE PERIGO é quando estamos cometendo excessos, conscientes ou inconscientes, que nos conduzirão ao caos.

Na zona do perigo já começamos a perder o discernimento e os nossos excessos tomam conta de nós, transformando nosso jeito de ser. Estamos a um passo de perder o total controle das nossas emoções. Quando nos damos conta, já estamos mergulhados nas emoções turbulentas, alternando estados de euforia e depressão. Depois disso, entramos na zona de descontrole.

ZONA DE DESCONTROLE é quando você está na polaridade máxima, ou seja, seu bom senso desaparece e tudo para você tem a mesma importância: a sabedoria ou a idiotice, a discrição e o ridículo.

Preto e branco é o mesmo que cinza. Na maioria das vezes, os valores acabam invertidos, de acordo com a conveniência. Nesta zona, você perde a sua autenticidade, deixa de ser o que você **realmente é** e passa a ser o que você **está**.

Neste momento a natureza nos força a uma parada obrigatória. O momento da revisão chegou. Preciso rever meus valores, posturas e intenções. É sempre quando nos surge uma enfermidade, pequenos ou grandes acidentes de percurso... é a natureza mandando seus recados.

Então, podemos concluir que, sem a reflexão e com as pressões da nossa vida cotidiana, vamos desenvolvendo os cinco elementos do fator inútil. Como consequência final, teremos a improdutividade. A incidência desses elementos em nossos movimentos diários determina o nosso grau de improdutividade.

Algumas dicas que sinalizam que você está prestes a cruzar a zona de descontrole:

- fumo e álcool, sem limites;
- medo manifestado pela valentia;
- surrar os filhos por causa de um copo de água;
- sentir-se mal, fisicamente, perto das pessoas, para chamar a atenção;
- medo de morrer de qualquer coisa;
- mania de perseguição;
- pesadelos contínuos;
- sexo indiscriminado e compulsivo;
- chorar para demonstrar solidariedade;
- risadas desatinadas ou choros compulsivos.

Bem, como podemos ver, é impressionante a capacidade do ser humano para a adaptabilidade. Infelizmente, ele ainda não descobriu que o seu destino pode ser desastroso pela falta de pequenos cuidados. Os dias são curtos e as noites, menores ainda. Os anos passam como a chuva que evapora e cai em tempestades, e não mais em chuviscos de verão. Assim são as nossas emoções. Atravessamos o limite tão rapidamente quanto o dia e a noite; quando acordamos, as gotas de nossas ações já se transformaram em maremotos de grandes proporções.

Mas, nesta vida, tudo é lição para nosso crescimento e expansão. O que acontece é que a gente se acostuma com quem ama, ao invés de viver conquistando. Condicionamo-nos a tudo, em vez de refletir o tempo todo. Amolecemos na cama em vez de nos curtirmos. Paramos no tempo, em vez de nos modificarmos. Aceitamos tudo, em vez de questionar. Permanecemos acomodados a tudo em vez de nos reinventarmos.

É tempo de reinvenção; de recriar o antigo e dar espaço para o novo. Acorda, Leão! Você é capaz. Deixe de reclamar e assuma o comando de sua vida.

Você, para fazer o seu destino, deve descobrir que não precisa perder a sua dignidade e concordar com tudo, sem refletir, observar, analisar. Você pode, deve e precisa começar já. Dê adeus à depressão. Mas aja! A vida é muito curta para você não fazer nada. A felicidade mora dentro de você e, para encontrá-la, abra-se, renasça e deixe tudo acontecer. Não basta só querer, não se iluda. Faça do querer o início de um novo destino, a raiz de um milagre chamado você.

Como?

Veremos isso no próximo capítulo.

CAPÍTULO IV
ASSUMINDO O COMANDO DE SUAS EMOÇÕES E SUA VIDA

Bem, já pudemos ter uma boa noção de como funciona o mecanismo da mente e como perdemos o comando de nossa própria vida. Então, vamos fazer uma pequena análise do momento atual. Acho importante falarmos sobre o processo de mudança pelo qual vem passando a humanidade e do qual fazemos parte.

Fazendo uma retrospectiva, do início da informatização e dos primeiros computadores IBM, na década de 1960, até os dias de hoje, com a globalização, internet aberta, crises, guerras, passaram-se apenas quase sessenta anos. Ou seja, uma evolução vertiginosa.

Evoluímos mais nos últimos cinquenta anos do que durante toda a história após o Cristianismo. O que será daqui a dez anos? Estamos preparados? E as mudanças param por aí? É claro que não. A transição é contínua, e quem não passa por crises não amplia o seu potencial.

Olhando a história, passamos pela Era da Informação, quando poucos detinham as informações e, consequentemente, o poder. Passamos também pela Era do Conhecimento, quando aprendemos como usar as informações. Mas, hoje, não bastam só as informações e o conhecimento; é preciso sabedoria. Agora estamos entrando e vivendo a Era da Sabedoria. E o que ela significa?

ERA DA SABEDORIA

É a união da informação e do conhecimento
de forma humanizada.

A Era da Sabedoria se caracteriza por mudanças de posturas, de comportamento do ser humano. Nesta Era, o mais importante é conhecer a si mesmo. É buscar e se encontrar; é expandir-se e mergulhar em si mesmo; enfim, é se descobrir e saber usar tudo o que conquistou para o bem do todo.

O ícone, nesta nova Era, é o ser humano, pois é ele que nasceu com a faculdade de se educar, educando; e educar, educando-se. Este é o binário celestial; é o duo cósmico; é a finalidade universal.

Assim como os números de 0 a 9 compõem toda a matemática e as sete notas musicais compõem as mais belas melodias, você pode começar agora, utilizando os 5 Movimentos do Autoconhecimento para compor sua felicidade duradoura. Mas, primeiramente, você tem que querer assumir o comando de sua própria vida, e decidir o que quer para si, de modo a construir seu destino. Esta decisão é só sua. Podemos fornecer-lhe as ferramentas apropriadas, porém, não podemos decidir por você.

Acorda, Tigrão, pois o momento agora é das mudanças de comportamento, para expandir o seu potencial produtivo e melhorar sua qualidade de vida. A autogestão o chama. A Era da Sabedoria chegou!

Como vimos, estamos na era de mudança de comportamento e postura.

Então, por onde começar?

Na verdade, você já começou, quando se propôs a ler este livro e tendo chegado até aqui. Vamos relembrar?

Aprendemos no Capítulo I que o agrupamento de nossos pensamentos mais simples forma o conteúdo da nossa mente, e que é nela que formamos nosso Universo de Conflitos e Soluções. Aprendemos também que nossos pensamentos sem controle é que nos levam ao desmando de nossa vida. E que nosso Universo de Conflitos é constituído pelos elementos do fator inútil: o ócio, o apego, a bisbilhotagem, a impulsividade e a omissão.

Então, como retomar o comando de nossa vida e reverter esse quadro? Praticando os 5 Movimentos do Autoconhecimento, usando-os diária e "noitariamente", para conquistarmos os três princípios, que veremos mais à frente, que serão a base para o nosso processo de mudança, de forma a consolidarmos os elementos do fator produtivo, que são movimentos opostos aos do fator inútil.

Vamos lá?

Bem, é urgente e essencial fazermos um saneamento básico produtivo em nosso Universo de Conflitos. Para isso, vamos usar as ferramentas para o comando: os 5 Movimentos do Autoconhecimento.

FERRAMENTAS PARA O COMANDO: 5 MOVIMENTOS DO AUTOCONHECIMENTO

Observar

Observar é percepcionar a sombra do invisível.

Identificar, nas pequenas coisas, sua importância e papel, em todas as circunstâncias que nos cercam, reconhecendo o movimento de toda a natureza e seus ensinamentos, para a conquista da harmonia e do equilíbrio interior. Aprender de dentro para fora, observando de fora para dentro.

É potencializar nossos sentidos para percepcionar aquilo que nossos olhos não veem. É usar a força de vontade para ampliar nosso raio de visão e todos os nossos sentidos, buscando conexões invisíveis entre as coisas. Isto é fácil, após um tempo de exercício.

Observar é a soma de um "monte" de prestar atenção mais a percepção.

PRESTAR ATENÇÃO é centralizar um ou mais sentidos numa só direção.

Por exemplo: quando lemos ou estudamos, ou, ainda, quando estamos recebendo uma informação; uma ordem. Quem não se lembra da mãe falando: "presta atenção, menino(a)!"

E percepcionar?

PERCEPCIONAR é sintonizar com o que está além dos nossos sentidos.

Por exemplo: quando você está captando a intenção do outro ao falar, agir... pressentindo... é o *feeling*... É a voz interna, falando na sombra do invisível. É avançar os limites dos cinco sentidos. É algo natural e espontâneo em todos os seres humanos.

É através da observação que desenvolvemos nossas próprias necessidades. Comece a observação por você mesmo, com o intraolhar, e policiando, mentalmente, a sua natureza íntima. Uma dica: quer saber como está a sua mente? Abra seus armários, suas gavetas, sua mesa de trabalho. Elas são o reflexo de sua confusão ou organização mental. Mas não se preocupe, queira de verdade e você vai aprender sozinho.

Então, o primeiro movimento é observar como estão nossas coisas, nossas pendências, quanto tempo estamos desperdiçando do nosso dia com o fator inútil.

Vamos fazer uma vivência?

Pegue um papel e uma caneta. Agora feche os olhos por aproximadamente três minutos. Anote tudo, mesmo de olhos fechados, se for possível. Caso não seja, abra os olhos e anote na folha tudo o que você pensou nesses minutos. Tudo o que passou pela sua cabeça.

Leia e observe quantos dos itens que você anotou são sem utilidade para esse momento em que você vive agora, que é concentrar-se na leitura do livro. Com certeza, 80% dos itens anotados são fator inútil. Agora identifique, nas anotações, o quanto era bisbilhotagem, o pior dos elementos do fator inútil. Nem precisa responder!

Bem, caro leitor, é hora de partir para a briga? Decidido a lutar contra esse império? Então teremos que fazê-lo como se estivéssemos em uma guerra e, para isso, vamos a um treinamento de bombardeiros e trincheiras inimigas. Pode ser uma fase curta, média ou longa, na qual você irá economizar, economizar e economizar.

Onde? Começando pelas palavras, na visão, no prato de comida, no guardanapo, na cama, em energia elétrica, água, telefone, salário etc. É o gasto zero e a economia produtiva 100. Isto vai preparar você para as situações mais difíceis e críticas da vida.

E aí, preparados?

CONCLUSÃO:
praticando a observação a 360 graus, você vai identificar como está sua conexão com o mundo que o cerca e como está a sua conexão interna, possibilitando assim sua reorganização mental.

Praticando a observação, você vai:

- adquirir lucidez mental;
- fazer um saneamento interno;
- promover a despoluição mental e espiritual;
- manter conexão permanente com o mundo que o rodeia, como observador;
- desenvolver a habilidade de concluir o futuro.

Como resultado do observar, que envolve prestar atenção, com os cinco sentidos e com o desenvolvimento do conhecimento, e que envolve, também, a percepção, com a sensibilidade e com o desenvolvimento do sexto sentido, vamos para o refletir.

Refletir

Refletir é tomar consciência da realidade que está oculta.

É questionar e encontrar, entre dois pontos, a solução mais produtiva. A reflexão deve estar presente em todos os momentos da sua vida, pois ela saneará suas dúvidas. A reflexão quebra nossos condicionamentos; é a ferramenta para focar a primeira unidade produtiva do ser humano, o pensamento, e torná-lo capaz de realizar mudanças.

Você sabia que, quanto mais tentamos reprimir um pensamento, mais ele nos incomoda? Quer ver? Não enxergamos o vento, o ar, mas sabemos que eles existem e desfrutamos daquilo que eles nos oferecem.

No centro da terra, existe um movimento intenso do magma pastoso, em plena ebulição; movimento este de que nem nos damos conta, mas que tem consequências em nosso dia a dia. A chuva, causando erosão, transforma a terra, sem a nossa permissão; os terremotos modificam a geografia planetária, sem nossa avaliação; o mar invade os continentes e as ilhas, sem darmos a devida autorização. Tente detê-los e haverá, com certeza, explosões de todos os lados. O mesmo acontece conosco, pois tentar deter nossos pensamentos é o mesmo que tentar tapar a boca do vulcão; eles são movimentos do nosso mundo interior, frutos das atividades e da evolução humana. Educá-los e mantê-los sob nosso comando é atravessar, em ponte segura, o grande rio da transformação a serviço da nossa expansão.

O pensamento deve sempre ser um instrumento para a reflexão. Na reflexão, eu desmaterializo as ondas de pensamentos desnecessárias. O contrário também é verdadeiro: se não refletir, congelo as ondas de pensamentos. Vamos relembrar que os pensamentos se agrupam por vibrações e formam núcleos, trazendo-nos experiências que, sem consciência, não saberemos utilizar e, consequentemente, saem do nosso controle.

Então, refletir é a elaboração de nossos pensamentos. É a capacidade de selecioná-los e coordená-los de forma mais eficaz, para o bem de todos. O refletir alinha e sintetiza nossos pensamentos, transformando-os em ideias produtivas, pois nossos sentidos estão prontos para captar ondas visíveis e invisíveis mais elaboradas. É só praticar e descobrir.

CONCLUSÃO:
a reflexão saneia a nossa mente. Rápida como um relâmpago e forte como um trovão, refresca como a chuva; areja como o vento; dá vida e calor como o sol da primavera; promove o ser, tornando-o mais produtivo. Ela expande nossos movimentos internos, trazendo comando à nossa mente; controle às nossas emoções; e assertividade nas ações.

Praticando a reflexão, você vai:

- descobrir que você não é os seus pensamentos;
- romper os condicionamentos mentais;
- higienizar a sua mente;
- dar o primeiro passo para sair da omissão, abrindo as portas para a força interna.

Todos podem e devem construir seu próprio destino, assumindo o comando da sua própria vida. Não consigo imaginar como alguém possa viver sem administrar sua própria existência, pois ela é única e intransferível. Deve ser um desastre: ansiedade, repressão, má vontade... Deve ser um tremendo desgostar, pois como alguém pode permitir ingerência no seu ser e existir, feliz? A vida é um eterno trocar, aprender, ensinar, colaborar, ceder, recuar, avançar. Mas, daí a dar, aos outros, o direito de pensar, decidir e agir por nós, a distância é infinita. Todos nasceram com o dom da vida, benefício maior, e não devemos deixá-lo na mão de ninguém. Nosso desafio é aprender a conviver com as nossas emoções e ficar com os benefícios que elas trazem pelo autoconhecimento — aprender consigo mesmo.

O verdadeiro refletir leva à análise, ao questionamento, para concluir o que é bom para o todo. "Fazer o que tem que ser feito": somente aí é que estaremos preparados para a próxima etapa, pois você já tem condições de fazer um diagnóstico e verificar onde está o seu *gap*, assumindo o comando de sua vida. O próximo passo é tomar atitude.

Tomar atitude

Tomar atitude é um movimento interno de decidir no mundo das ideias.

É uma postura interna da busca do "decidir-se", que deve materializar-se com a certeza de mudar fora aquilo que já está dentro de você e sair de cima do muro. Envolve a observação e a reflexão, e se conclui no exercício interno de organizar, planejar e priorizar.

"Tomar atitude é decidir, decidir banindo a omissão para sempre, sendo resoluto internamente. Decidir por si mesmo o tempo todo para o bem do todo, tendo a coragem de viver e expandir, materializando as decisões tomadas, através da ação consciente. É o movimento absolutamente interno de resolver nossos próprios problemas, fazer as coisas com coerência, começo, meio e fim, organizando-nos por dentro, por prioridade. É colocar os recursos da nossa inteligência para trabalhar, tomando a decisão de, para sempre, ser livre, alegre, entusiasmado. É encontrar a sua dignidade. Com esse tomar atitude o caminho se abre, a força interna ressurge e tudo começa a acontecer." (Mestre Goh)[2]

A decisão consciente se aprende com o tempo, à medida que as experiências vão sendo armazenadas em nosso oceano de sabedoria, a força interna. Se erradas ou certas, quando tomadas por nós mesmos, as nossas decisões ecoam na eternidade, edificando o nosso destino.

Pare de dar desculpas, assuma uma posição diante da vida. Decida conscientemente, visando ao que é melhor para o todo. Agora é hora do planejamento e da organização das ações. É a hora de realinhar posturas e valores.

Como?

PRIORIZE: *priorizar é discernir a ordem, a importância e o momento de realizar todas as coisas.* Então, enumere as necessidades, através do senso crítico. A prioridade nem sempre é o elefante, mas sim a cabeça de um alfinete. Como saber quando é uma e quando é a outra? Algo dentro de você vai dizer, é só observar e refletir. O importante é começar e jamais terminar.

ORGANIZE-SE: *organização é estruturar o encadeamento harmônico entre tudo e todos.* É o mapa pelo qual você administra suas ações, alocando recursos no tempo e no espaço. Faça esse mapa no qual você irá

---

2   Mestre Goh é um mestre que ensina a seus discípulos os segredos da vida, no livro *Autoconhecimento - o tesouro desconhecido*, deste mesmo autor.

administrar suas ações, alocando recursos no tempo e no espaço. Busque a lucidez mental, observando e refletindo, que é aquela fagulha de luz onde podemos enxergar o passado, o presente e o futuro.

PLANEJE: *planejar é organizar no tempo e no espaço todas as ações diretivas de um processo administrativo, pessoal, familiar ou empresarial.* É buscar o resultado final, com começo, meio e fim. Planeje com detalhes, medindo cada ação e seu resultado, dentro da sua realidade interna. A determinação é fundamental, pois muitas coisas, durante esse trajeto, vão acontecer, independentemente da sua vontade.

Aqui nasce o nosso compromisso: dou a você algumas dicas e você faz acontecer. Vamos lá?

Fatores que impedem você de tomar atitude:

- condicionamentos — petrificam nossos pensamentos, engessando nossas ideias e congelando nossa mente;
- medos — sufocam nossa iniciativa própria;
- insegurança — incerteza se o que faço é certo;
- preguiça — criamos uma zona de conforto, acomodação. Ela é uma zona mentirosa, falsa e ilusória;
- bisbilhotagem — perda de tempo com armações, fofoca e melindre; fazer o que não é da nossa conta nos faz sentir inseguros;
- falta de conhecimento — devemos criar uma dinâmica em torno de nós, pois não precisamos saber tudo. Porém, temos que buscar o conhecimento de acordo com a nossa necessidade e capacidade, ampliando aos poucos nossa capacidade produtiva. E, o pouco que fizermos, fazê-lo bem-feito;
- opressão ou pressa — traz a ansiedade pela necessidade de terminar, em curto período, aquilo que leva tempo;
- tradição — costumes antigos aos quais ainda somos apegados ou obrigados, pelos nossos antepassados, a seguir.

Porém, é importante saber que, na hora de decidir internamente, muitas vezes, ficamos presos aos condicionamentos e situações que vimos anteriormente e que nos impedem de expandir e planejar a nossa mudança. Também é importante dizer que, quando provocamos um movimento novo, ele nos queima por dentro. Porém, depois surgirá a renovação da vida e vamos colher dentro de nós os frutos, ampliando a nossa visão sensorial.

CONCLUSÃO:
tomar atitude é você não só exercitar o comando de sua vida, mas aprender a assumir os riscos de suas decisões, pois ela é o antídoto da desordem e da incompetência.

Entre muitos outros benefícios, ao tomar atitude, você vai:

- sair da indiferença;
- eliminar a omissão e a impulsividade;
- aprender a viver sob pressão;
- desenvolver o senso crítico.

Agora você já tem dados suficientes para agir.

Agir

É materializar ideias em ações, com disciplina e continuidade.

É transformar suas decisões internas em ações que levam a um novo padrão de comportamento. É simplificar tudo em sua vida.

Agir é materializar o que planejamos e assumir as consequências. É assim que vencemos nossos limites e resgatamos nossa autocredibilidade. Palavra é compromisso. Então, quando falamos uma coisa já decidida, criamos um compromisso com o universo. Se observarmos, refletirmos, tomarmos atitude e não cumprirmos o planejado, sentiremos um estado de desconforto interno. Este desconforto pode chegar a um estado de angústia e a uma depressão profunda, pois o maior compromisso que temos não é com os outros, mas sim com nós mesmos. Conscientize-se disso e você acionará a sua autopropulsão.

Uma ação que nasce da observação, reflexão e tomada de atitude, traz foco e maior possibilidade de resultado produtivo.

O importante é lembrar que nem toda ação é um sucesso. Neste processo de mudança, algumas vezes você vai acertar e, muitas outras, você vai errar. Não importa. O erro e o acerto fazem parte do processo de expansão do ser. Sua persistência, usando duas fontes que já estão disponíveis em você (a força de vontade e a força interna), é o que vai fazer a diferença.

Vamos relembrá-las?

FORÇA DE VONTADE é o poder de ação do querer, projetando o ser para o movimento.

É um impulso alavancado pelo poder e pelo prazer, que são as principais fontes de nossos estímulos. Ela pode ser estimulada pela força do querer, a faísca da alma, trovão do Ogos (espírito). Ela é que provoca a autopropulsão.

FORÇA INTERNA é toda a potencialidade produtiva contida no ser.

É o produto de suas experiências eternas. É o sumo de todo aprendizado daquilo que está de acordo com as leis naturais da vida, uma luz que nunca se apaga, podendo ser inibida ou despertada, conforme sua permissão.

É importante e essencial você entender que todos nós, sem exceção, já temos força interna suficiente para encontrar e desfrutar de todo o nosso potencial. Porém, não basta apenas querer, temos que agir e trabalhar duro para despertá-la.

CONCLUSÃO:
a força de vontade é o instrumento que eu utilizo para direcionar o meu verdadeiro querer, educar os meus desejos e paixões, e vencer meus impulsos condicionados. A força de vontade abrirá caminho para que minha força interna encontre os "comos" e os "por onde", para que eu possa concluir meu ideal.

Agindo, você:

- acionará a força interna e potencializará sua autocredibilidade;
- reeducará a força de vontade;
- eliminará a insegurança, a angústia e a depressão;
- conquistará a autoconfiança e a liberdade interna;
- expandirá sua iniciativa própria.

Agindo, você construirá um novo padrão de comportamento. É nesse momento que você assume ou retoma o comando de sua vida. Porém, ele dependerá de um f ator muito importante: a continuidade.

Bem, meu amigo, agora é hora de saber esperar o tempo de maturação de todas as mudanças que promovemos em nossa vida e começarmos a ter assertividade em nossas ações, que deve começar nas pequenas coisas, como veremos mais à frente.

Saber esperar

É ter continuidade no processo de mudança e acompanhar os movimentos com serenidade.

É o mais difícil dos movimentos, pois ele trará consequências para administrarmos, em harmonia com o movimento daqueles que estão à nossa volta e de tudo o que nos rodeia.

Para assumir o comando de nossa vida e, consequentemente, o controle de nossas emoções, saber esperar é o movimento fundamental. Acreditem ou não, meus maiores exemplos deste movimento vieram da natureza, dos animais, inclusive da minha cachorra, Natasha, da qual falarei a seguir, para que possamos entender um dos muitos exemplos de que a natureza pode ser nossa escola.

Natasha

Natasha, hoje, já morreu de velhice. Pastor Alemão, tinha uma inteligência surpreendente. Certa vez, com aproximadamente quatro anos, ela acordou amuada. Deitada no abrigo de nossa chácara, não dava um pio, quieta como jamais a havíamos visto. Natasha deve ter comido, por falta de experiência, algum bicho (talvez, um sapo). Mas o fato é que Natasha, com seus grandes olhos tristes, observava o ambiente em total vigilância; quando ouvia barulhos estranhos, levantava as orelhas peludas, mas não se mexia. Acompanhava nossos movimentos com os olhos, ouvidos e olfato; porém não se levantava. Repito: não se levantava por nada. Vinte e quatro horas por dia ela não se mexia. Oferecíamos ração, comida caseira, carne misturada com produtos específicos. Ela, delicadamente, olhava, cheirava e nada. Começou a emagrecer. Fiquei preocupado. No quinto dia, fiz chás de desintoxicação e fortificantes. Incrível. Ela abria a boca e, sem reclamar, tomava o remédio. Detalhe essencial e fundamental: bebia água, como buraco de formigueiro, e sozinha. Bebia, deitava, bebia e deitava. Percebia-se que seus sentidos estavam mais que aguçados, mas não se movimentava.

No décimo dia, quando cheguei, tarde da noite, abrindo o portão, lá estava a Natasha, esperando-me como uma boa anfitriã. Fui verificar sua comida. Intacta. Pela terceira vez em dez dias eu a levei ao veterinário e ele me disse: "Dr. Paulo, a Natasha está totalmente restabelecida. Apesar de magrela, seus instintos estão apurados como nunca". No décimo primeiro dia, ela começou a comer feito um rato do deserto, engordou e manteve a serenidade e o equilíbrio canino, juntamente com o dálmata de nome Alpi, que também tínhamos, e que mais parecia um bebê serelepe do que um cachorro doméstico.

Naturalmente, Natasha foi assertiva ao saber esperar e, observando seus movimentos, aprendi...

As sete lições de Natasha

LIÇÃO 1: o tempo todo ela se manteve calma, sem ansiedade, apesar da dor que sentia, esperando o tempo passar, sabendo que algo não estava bem com ela. Assim, aprendi que em nossos momentos de adversidade, devemos sempre manter a serenidade.

LIÇÃO 2: ela não deixou de aprender, observando e absorvendo as lições da vida, enquanto esperava o tempo passar, como nenhum de nós seria capaz de fazê-lo. Assim, aprendi que, mesmo dos momentos ruins, podemos e devemos tirar algo de bom.

LIÇÃO 3: ela soube identificar um mau momento, tão comum em nossas vidas, e soube esperar o tempo passar. Aprendi que identificar e administrar os movimentos e momentos de nossa vida é um exercício natural de expansão.

LIÇÃO 4: ela, instintivamente, sabia que seu corpo precisava de repouso e de tempo para restabelecer-se sozinho, ou seja, por conta própria, apenas esperando o tempo passar. Aprendi que o autoconhecimento é uma ferramenta essencial de sobrevivência e expansão do ser.

LIÇÃO 5: facilitando seu empreendimento biológico, ela colaborou, tomando água para suar e expelir o veneno ingerido; mais uma vez, dando tempo ao tempo. Aprendi que uma força dentro de nós já sabe o que tem que ser feito e faz. E que o resto o tempo fará.

LIÇÃO 6: continuou doce como sempre foi; jamais perdeu a compostura e a paciência. Não rosnou para ninguém, não latiu ofensivamente, mantendo-se digna; apenas observou a tudo e a todos, sabendo esperar. Aprendi que, apesar das adversidades e dificuldades, devemos manter a coerência de nossos atos, pois os únicos responsáveis pelos nossos desafetos somos nós mesmos.

LIÇÃO 7: ela soube identificar seu momento de solidão obrigatória e crescer. Nunca mais comeu sapo, porque nunca mais "faltou ao trabalho". Aprendi que devemos aprender com nossos erros, sem jamais deixarmos de crescer e experienciar.

Porém, a lição mais preciosa que Natasha me ensinou é que muitas vezes, em nossa vida, é necessário deixar passar os tristes momentos, em silêncio absoluto. É preciso pausa e observar, refletir. Depois, tomar atitude, agir e saber esperar. A serenidade é o ponto mais alto nesses momentos, pois, queiramos ou não, esses momentos sempre vão passar: "Não há bem que sempre dure e nem mal que não se acabe". Cabe a nós perpetuá-los ou deixá-los ir naturalmente, pois, se nos apegarmos a esses momentos, eles parecerão eternos e permanecerão conosco para sempre. Assim, deixarão de ser dor e se tornarão sofrimento. Se fizermos como Natasha, administrando e aguardando com calma, construiremos fibras internas, aprendendo que nada deve abalar o nosso futuro.

CONCLUSÃO:
desenvolva a sua capacidade de saber esperar, pois ela é amiga íntima da paciência e fonte da sabedoria.

Por esse motivo, a serenidade é essencial nesta fase. Serenidade é você observar com interesse de aprender e experienciar. A prática dos 5 Movimentos do Autoconhecimento aumentará sua lucidez mental e esse é um processo sem volta. É um estilo de vida, porque está dentro de você.

RESUMINDO:
as conexões existem e começam num olhar, num passo para a esquerda ou direita. Tome consciência disso e observe; acompanhe os seus movimentos e dos outros. E você vai descobrir uma das coisas mais importantes da vida: o jogo das conexões do dia a dia. E, para notá-las e aprendê-las, movimente-se observando e observe movimentando-se. As conexões são invisíveis para quem não as observa. E elas se tornam sem importância para quem não reflete. E é aí que está o maior problema: torno-me inconsequente e irresponsável por não observar os efeitos do que estou fazendo nas 24 horas de minha existência humana, mesmo não enxergando ou não querendo as tais conexões.

Sabendo esperar, entre outros benefícios, você vai:

- eliminar a ansiedade;
- promover a autocredibilidade;

- desenvolver a capacidade de ordenar suas ações dentro do tempo e do espaço;
- conquistar a serenidade e a compostura.

De que vale a locomotiva na areia? É melhor uma Maria Fumaça nos trilhos! Apesar de menor velocidade, teremos menos trepidação, ou não? Então, seja uma Maria Fumaça, devagar, mas sempre nos trilhos. Você chegará antes de muitas locomotivas que existem por aí. Não tenho notícias de um dia que teve 12 horas, nem de um dia de 36 horas.

O segredo é qualidade e não quantidade, pois qualidade só depende de nós, enquanto a quantidade eu conquisto com o tempo.

Idealizamos o gráfico a seguir para que possamos reter o que acabamos de falar sobre os 5 Movimentos do Autoconhecimento. Estude-o com carinho. Identifique onde você está, faça as conexões e, naturalmente, você despertará sua potencialidade.

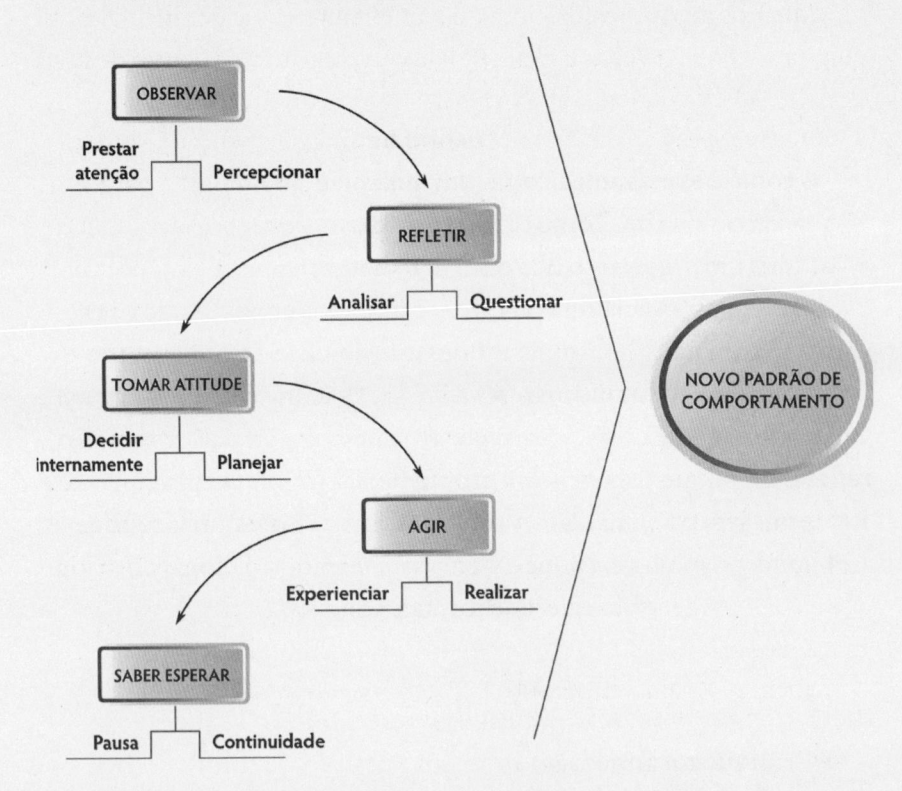

Como podemos ver, o processo dos 5 Movimentos do Autoconhecimento é dinâmico, contínuo e nunca terá fim, pois você vai acessando níveis diferentes de conhecimento e virtudes, mergulhando no Universo da Supraconsciência. Quanto mais você praticar, mais aprimoradas elas vão se tornando.

Bem, você já tem a base para o processo de mudança se efetivar, pois agora é o momento da ação.

Usando sua força de vontade e sua força interna, praticando 24 horas por dia os 5 Movimentos do Autoconhecimento, vamos construir os três princípios propulsores da humanização. Eles se tornarão um bálsamo e nos ajudarão no comando de nossa própria vida.

HABILIDADES PARA O COMANDO: 3 PRINCÍPIOS PROPULSORES DA HUMANIZAÇÃO

Iniciativa própria

É desenvolver a capacidade de realizar aquilo que tem que ser feito, a qualquer tempo, em qualquer situação.

A iniciativa própria é um dos ingredientes para despertar a força interna, um dos principais elementos que você usará para traçar seu destino. A iniciativa própria será o gatilho que vai disparar o tiro da nossa independência, para sempre.

Comece agora a agir e fazer por si. Comece a educar seus desejos. Sua força de vontade deve ser mais forte que seus impulsos condicionados. Impulsos condicionados são aquelas "vontadinhas periódicas" que, para atender aos nossos apelos e interesses temporários, fingimos querer. Observe e vai identificar a diferença entre eles.

LEMBRE-SE:
todos os nossos excessos (impulsividade) e tudo o que deixamos de fazer (omissão) sufocam nossa força interna.

Por onde começar a praticar a iniciativa própria:

- vença o comodismo, procurando fazer bem-feito, no tempo e no espaço, desde as pequenas até as grandes coisas;
- resolva suas pendências pessoais, familiares, profissionais e sociais, colocando-as dentro do seu tempo e seu espaço. Caso contrário, elas exercerão uma pressão interna que corroerá você por dentro, e o fará escravo de si mesmo;
- simplifique suas atitudes, sendo claro e simples. Falta de assertividade vem da acomodação (quando somos mais teóricos do que práticos);
- aja com naturalidade e discrição sempre e aprenda a sanear, com sua iniciativa disciplinada, todos os ambientes de sua vida;
- faça as coisas que têm que ser feitas, apesar dos outros;
- não espere ninguém mandar. Faça;
- faça o que tem que ser feito, de forma que só você saiba *o que* e *por que* está fazendo. Sem show;
- não coma além do necessário;
- alimente-se devidamente, mesmo que lhe falte apetite;
- erre tentando acertar, jamais por omissão.

Não desista nem por um segundo deste caminho: fazer todas as coisas por você mesmo. É importante lembrar que, praticando o 4º movimento, o agir, você também estará exercitando a iniciativa própria, que é pura ação.

Ganhos:

- clareza mental;
- ser organizado e planejado;
- disciplina;
- fazer você mesmo o que tem que ser feito;
- estar no comando o tempo todo;
- fibra interna;
- coragem.

Senso crítico

Senso crítico é desenvolver a capacidade de avançar e recuar sempre, exercendo as virtudes e o conhecimento.

É exercer as habilidades (virtude) e técnicas (conhecimento), transformando-as em sabedoria. Esse será o campo de batalha mais sangrento que você já pisou, mas no final você terá como filho do senso crítico o Discernimento e sua neta, a Flexibilidade.

**LEMBRE-SE:
crescer por si mesmo é experienciar um campo minado pelo qual, mais cedo ou mais tarde, você terá que passar sozinho. Então, que seja agora, já!**

Para desenvolver o senso crítico, nossos passos sempre devem ser estudados, refletidos, comedidos e seguros. Observe em todas as direções (frente, atrás, laterais), mas, principalmente, no chão onde pisa.

Como?

- Coisa nova, desconhecida? Questione.
- Qual o assunto e quanta importância isso tem para mim?
- Quais os efeitos de minhas ações, se eu for para a esquerda ou para a direita?
- Dúvidas? Recue, espere, recalcule o próximo movimento, não avance sem estratégia ou tática logística, alternativa ponderada.

O que quero dizer é: não dispare um canhão se a situação pedir, somente, um estilingue; não use tanque de guerra, se a necessidade for somente uma espoleta. Na batalha, um movimento em falso pode ser fatal. E, na vida real, é igual. Todas as palavras irrefletidas ou sem moderação não recuam. Quer ver? Vamos conhecer uma história, cuja lição nos faz refletir sobre as consequências daquele ditado: "Quem fala o que quer sempre ouve o que não quer".

Peronea, a língua solta

— Gesebelta, qual o número do seu sutiã?

— Peronea, não me venha com essa gozação. Você sabe qual é o meu número...

— É, ouvi dizer que você fez lipo...

— Peronea, querida, apenas segui suas recomendações.

— No regime não deu, hein. Também... aquela bunda nem ácido sulfúrico poderia dissolver.

— Ah! Olha só quem fala. Por falar em bunda, conta seu segredo para perder quarenta quilos em noventa dias. Conta para nós, queridinha, conta...

Gesebelta estava fula.

— Você sabe como é Odorico, não sabe? Pagou tudo! Até o repouso no spa. Além disso, minha filha, você sabe que minhas gordurinhas centralizadas são fruto de estresse; sem contar que, no ano passado, na viagem a Paris, fiquei horrorizada com as notícias da Guerra do Golfo. Efeitos Bin Laden, honey!

Peronea jogou sal no pudim.

— É, eu sei que você é tão sensível... assim como eu... sofri tanto com a morte do Pompom... Jeffy.

— Pompom morreu?

Peronea suavizou:

— Como! Não te falei? Não te contei? Foi atropelado pelo BMW do...

— Bom, pelo menos morreu debaixo de um carro chique...

— Sabe, Peronea, há muito você deixou de ser minha amiga sincera. Ou você pensa que não sei que você comprou um par de meias, em São Paulo, pela pechincha de R$ 300,00? E que, no mês passado, foi à Rivieira e guardou as delícias da viagem só para você?

— Como "guardei só para mim"? Enviei 162 cartões postais, incluindo o seu, e ofereci uma festa de chegada para 300 convidados... Além do mais, comprei chocolates no aeroporto de Zurich e guardei um chicletinho para você...

— Chicletinho? — ironizou Gesebelta.

— É. Mas é um chicletinho suíço, querida, que além de ter todos os sabores é diet. E, é claro, é muito, muito caro. Mas comigo é tudo muito chique...

— Ooooooooooh! Mãe, pare com esse papo furado que eu preciso falar nesta budega de telefone! — Era o filho de Peronea.

— Aricostaldo, não fale assim com sua mãe. Se eu não me atualizar, não sobreviverei na alta society!

— Caramba, mãe. Já faz duas horas que está matracando. Sai desta vida, pô!

O filho de Peronea "estava tiririca"...

— Gesibelta, querida, vou ter que desligar. A banheira já está pronta e a água vai esfriar. Vamos continuar nosso papo saudável e combinar nosso five tea de segunda-feira. Já convidei 25 palhaças, que só servem para comer, beber, engordar e levar notícia ruim da nossa vida. Você sabe, não é...? Todas aquelas rançosas, peruas, despeitadas mariposas, que só sabem contar vantagens. Pessoas que cacarejam como galinhas amestradas. A propósito, você sabe que Josmuda vai se divorciar?

— Não me diga... quem é que ainda não sabe?

— Só você, querida... pois o bairro inteiro já tomou conhecimento.

— E com quem ela está agora? Quem é o idiota que aceitou aquela galinha chocadeira?

— Nem te falo...

— Quem?... Quem?... Quem?

— Você promete não contar para ninguém? — Peronea pediu segredo.

— Claro que não. Você sabe como eu sou discreta nessas coisas...

— É, eu nunca tinha percebido isso, mas... Ela agarrou o Odorico e o trouxa caiu como um patinho... é burro mesmo — acrescentou Peronea.

— O quê?! Sua vaga... filha...

Depois de soltar inúmeros impropérios, a linha de Gesebelta caiu e...

— Meu Deus! O que é que eu fiz? Como fui fazer uma besteira dessas?

Falei o que não devia... — Peronea caiu em si. Sem perceber, tinha entregado "de bandeja" a cabeça de Odorico, o grande amor de Gesebelta.

— *Mãe, o que houve? Você está branca como cera... e tremendo como pastel em gordura quente. Te chamaram de serena?*

— *Nada, meu amor, nada... Pode usar o telefone, que a mamãe vai fazer o jantar.*

— *Jantar? É mais de meia-noite, caramba. Já morri de fome duas vezes...*

— *Não, filhinho, a mamãe disse que vai deitar... Minha nossa, e agora? Como é que eu vou sair dessa? Tô ferrada, o bairro inteiro vai saber... minha memória está falhando... acho que estou estressada outra vez... Vou para Paris... é... vou para Paris...*

É assim mesmo, sempre fala demais a língua do que está cheio o intestino!

O ócio e a bisbilhotagem corriam soltos na vida de Peronea. Sem praticar a observação, a reflexão, a tomada de atitude, sem agir e, muito menos, saber esperar, preocupada apenas com as futilidades, ela vivia sem um ideal e, portanto, sem foco. Com sua mente desgovernada e mergulhada em seu Universo de Conflitos, perdeu completamente o senso crítico e a noção de realidade.

Então, senso crítico é avançar e recuar, para avançar sempre. Em tática de guerra, muitas vezes, você deve recuar para vencer, porque, muitas vezes, deve-se recuar para restabelecer contato com a realidade que você desconhecia ou que ainda não existia.

Seja corajoso, ousado, jamais um valentão. E qual a diferença? O corajoso e ousado tem noção da realidade e assume riscos com segurança, sabe por que e aonde quer chegar. Seus movimentos são educativos e age, quase sempre, sem emoção, mas sim motivado; é atencioso e sabe ouvir com atenção. O valentão é sempre atrevido, invasivo, incompetente e omisso; age por impulsividade e quer, o tempo todo, levar vantagem. É ofensivo; um poço de estupidez.

Por exemplo: temos que fazer um bolo. Vamos primeiro precisar da receita. Na receita, teremos os ingredientes e as orientações de como fazê-lo, tais como: tempo de descanso da massa, tempo e temperatura do forno, tipo de forma etc. Mas isso tudo não é suficiente, pois não basta somente ter os ingredientes e as orientações; temos que aprender a misturá-los na dosagem certa. Porém, não basta somente saber misturar a dosagem certa, temos que saber mexer e observar o tempo de pausa, que é imprescindível para a maturação da mistura. Temos ainda que observar o tipo de forno: se é a lenha, a gás, a óleo diesel ou elétrico, e adequar o tempo a ele. Pois bem, a vida é uma grande cozinha, onde você é seu próprio "*cooker*". Os ingredientes são os cinco sentidos, pensamentos, ideias, relações pessoais, hábitos, condicionamentos, alimentação etc., conexões que montamos o tempo todo. Vamos comer o que misturarmos e cozinharmos. A grande sacada é o exercício de seguir a receita adequada à nossa realidade, que é diferente para cada um de nós, apesar de os ingredientes serem os mesmos. O senso crítico é o cuidado com os detalhes, com os movimentos, nas ações recheadas de observação e reflexão.

LEMBRE-SE:
mesmo o melhor cozinheiro do mundo teve dificuldades para fazer seu primeiro bolo, então, é possível que tenhamos dificuldades para elaborar nossa receita.

Portanto:

- fale sempre com moderação;
- jamais ofenda alguém;
- não desacate ninguém, afaste-se;
- recue e reflita nas dúvidas;
- rale pouco, mas com precisão;
- seja impessoal em qualquer situação;
- recue consciente, mas superando sempre.

O senso crítico é fruto da prática do segundo movimento, o refletir. E o fruto principal do senso crítico é o discernimento.

DISCERNIMENTO é a habilidade de determinar, entre situações e movimentos opostos, o equilíbrio perfeito.

É a sabedoria de escolher, fazer, dividir e realizar na medida exata de cada coisa, movimento ou necessidade. É a mãe do juízo. Discernir é dar o valor exato a cada coisa, no seu tempo certo. O discernimento faz com que você faça as mesmas coisas, em momentos diferentes; e faça coisas diferentes, em momentos, aparentemente, iguais.

Discernir é identificar a prioridade que, como já descobrimos, nem sempre é um elefante, mas sim a cabeça de um alfinete. Este é o grande desafio do homem moderno: jamais agir na impulsividade ou permanecer na omissão. Esse juízo das coisas só se adquire pelo exercício do senso crítico de avançar e recuar.

Para entender melhor o senso crítico, sem o qual perdemos o discernimento, conheça a história de Ana e sua mãe, Macróbia, e entenda como a falta de discernimento, neste caso, especificamente, o radicalismo disfarçado em amor, pode prejudicar a nossa vida, pois a filha rebelde e subversiva da falta de discernimento é a insensibilidade.

Macróbia — A mãe insensível

Macróbia e Ana jamais se separavam. Dona Macróbia, excelente dona de casa, nutria por sua filha, Ana, de dez anos, um sentimento que era, literalmente, uma loucura total. Ana jamais, desde que nasceu, teve uma mancha suja em sua roupa. Jamais pisou no chão descalça ou comeu fora de hora. Nunca lhe faltou leite e queijo de soja, vegetais de todos os tipos, legumes da melhor qualidade etc.

Ana foi criada à base de chás. Apesar de morar em apartamento, Macróbia, no lugar do varal, projetou um canteiro em caixas, especialmente elaborado para o cultivo de ervas. Macróbia fora arquiteta de primeira linha, porém tinha um problema grave: pela sua falta de sensibilidade, foi eleita a rainha da selva: leoa às avessas.

Macróbia, ao primeiro sinal de frio, digo, abaixo de 24°C, embrulhava Ana num pacote completo de luva, cachecol e pijama, que fazia dela o urso polar mais requintado da Finlândia. Era muito cuidadosa essa Dona Macróbia.

Um dia, na escola, a professora perguntou:

— Ana, por que o guarda-chuva?

— É verão, professora — disse Ana. — E, nessa época do ano, a chuva não avisa; e uma chuva fora de hora pode causar pneumonia.

— Mas, Ana, o sol brilha, o céu está claro, limpo e lindo...

— Professora — interrompeu Ana, resoluta —, ontem à noite, o homem do tempo previu chuvas e trovoadas; além do mais, guarda-chuva não pesa. "Melhor prevenir que remediar": assim ensina mamãe.

Apesar de tão menina, Ana era afiada em sua inteligência, mas sem freio na língua. Macróbia era divorciada. Vespúcio, seu ex-marido, médico homeopata, era contrário às suas ideias e, por esse motivo, ela decidiu que sua influência oposta poderia prejudicar a educação de Ana. Mas Dr. Vespúcio, pai atento e presente, em um de seus dias de visita à filha, resolveu ir ao parque de diversões. E vejam o que aconteceu:

— Papai, o que é aquilo no meio do pão do sanduíche, que parece o pipi do Dog, nosso cachorro?

— É salsicha, minha filha, é um sanduíche de salsicha. Quer um?

— Do que é feito?

— É feito de carne de animais.

— Como posso comer algo que é feito de seres vivos? Mamãe — continuou Ana — ensinou-me que é das plantas e dos vegetais que vem a saúde.

— É verdade, minha filha. Porém, é necessário respeitar nossos limites, e conhecer outras alternativas. Mas tudo bem, filha, se você pensa assim...

Dr. Vespúcio e Ana se afastaram, enquanto ela mergulhava seus olhinhos em direção ao carrinho de cachorro-quente.

— Papai, que cheiro forte e delicioso é este que estou sentindo?

— Hummm, é churrasco, minha filha.

— Churrasco! — disse Ana, toda assustada. — Mamãe não me ensinou nada sobre isso!

— Filhinha — disse Vespúcio —, existe churrasco de frango, de porco, de vaca e de linguiça. É só colocar um molho pardo, com cebola e alho, ketchup e mostarda, e você tem uma boa refeição.

— O quê? — saltou Aninha. — Matam-se os animais para comer? Mas a polícia não prende, papai?

— Filhinha, a maioria dos seres humanos ainda necessita de alimentos fortes para suportar a pressão e as emoções. É também um costume milenar na sociedade; não existem vegetais para todo mundo e... Ana, você não quer experimentar? Assim você mata a vontade e descobre se gosta ou não. Você quer?

— Jamais comerei seres vivos, papai, nem que eu morra de fome.

— Ok, ok, se você pensa assim, vou respeitá-la, mas ouça-me bem: "não é o que entra pela boca do homem que o faz mau e pecador, mas sim os seus excessos em tudo o que ele faz".

Vespúcio percebeu que Aninha parou para refletir, mergulhou seus olhinhos no ambiente movimentado e acompanhou a réstia de pessoas que formavam a fila de espera para comer um churrasco. Tinha certeza de que ela refletia: "como ou não como? E se a mamãe descobrir, que decepção! E além de tudo, vai me cobrir de tapas e me dar castigo por ter contrariado nosso estilo de vida".

Ainda estimulada pelo cheiro do churrasco, Ana se entristeceu, começou a chorar e se afastou. Seu comportamento mudou. Sua cor, de branco suíço, tornou-se um pálido desnutrido. Chegando a casa, em pleno silêncio, Ana adormeceu. Tossindo, como cachorro engasgado com carne seca e farofa de amendoim, atravessou a noite acordada e Macróbia, que também passou a noite em claro, resmungava:

— Está vendo por que me separei do seu pai? Além de descuidado, não sabe que uma menininha como você não pode tomar sereno? Você já deveria estar em aula; hoje é segunda-feira, você vai perder provas, vai repetir o ano, nosso gasto será inútil. Seu pai é um demônio. Ele deveria morrer. Assim, pelo menos, seríamos somente eu e você; ninguém mais para atrapalhar nosso caminho. Nós seríamos livres, abençoadas. Oh! Senhor! Atenda o meu pedido. Dê um jeito naquele sujeitinho que tenta roubar minha filha de mim.

Aninha chorava compulsivamente, queria defender o pai, dizer que queria experimentar um churrasco, de frango, de vaca, salsicha, mas não podia. Tolhida pela influência de Macróbia e seu radicalismo insensível, a menina piorava a cada momento. Suas tosses *aumentaram, seu corpo suava e um ronco estranho surgiu em seu peito, após três dias. Macróbia chamou um médico, que diagnosticou pneumonia de origem emocional.*

— Foi por causa daquele sem juízo do meu ex-marido que ela ficou assim. Ele vai pagar toda a conta e terá que se ver comigo...

Ainda esbravejando, Macróbia não saiu do leito de Aninha. Após sete dias de cama, Ana não tinha mais as defesas, em seu corpo, suficientemente ativas, para evitar uma doença mais grave, que só Deus sabe qual seria, se não fosse o dedo e a sensibilidade de seu pai. Vespúcio, sabendo do problema e sua origem, foi visitar a filha, prometendo com honras e pompas a Macróbia devolver Aninha antes de o sol se pôr. Levou-a ao parque de diversões. Foi uma festa! Aninha comeu três churrascos, refrigerantes, tudo o que era proibido pela dona Macróbia, e foi devolvida antes das 18h.

— Mamãe — chamou Aninha —, quero lhe dizer uma coisa...

— Fala, filhinha, fala... vamos espremer o seu pai até fazê-lo espaguete, não vamos?

— Não, mamãe, eu quero ir morar com o papai.

— Não... não... não. Nunca! Mamãe te dá tudo, faz de tudo. É aqui o seu lugar; não com aquele frangote, sem-vergonha, mulherengo...

Macróbia perdeu a compostura e, pior, a confiança da filha.

Aninha, sob a orientação do pai, recuperou-se rapidamente, passou a equilibrar suas refeições, completando sua alimentação macrobiótica com carne, leite de vaca, queijo de cabra e outros ingredientes necessários ao seu equilíbrio físico e mental, que cada um de nós precisa buscar e encontrar.

Aninha, apesar da insensibilidade de sua mãe, através de seu próprio esforço, desenvolveu o discernimento e construiu um destino diferente para si e sua família.

Hoje, já adulta, minha amiga Ana está muito feliz. Casada; educa seus filhos de forma natural, observando suas tendências e respeitando seus limites mais sagrados. Excelente mãe, adotou o sistema de liberdade vigiada, que só interfere quando há excessos; recomenda, quando há dúvidas; questiona, quando há conflito; e sugere, quando há necessidade. Sua conduta exemplar, disciplinada, com começo, meio e fim, construiu uma coluna intransponível de serenidade e paz dentro do seu lar. É uma sábia professora, amada por seus alunos, pelo seu poder de questionar e devolver as respostas em forma de possibilidade, de "vir a ser", e não de verdade absoluta. Um de seus filhos, hoje, é vegetariano por opção, por vontade própria, após ter experimentado todos os diferentes tipos de pratos. Aninha é uma pessoa simples de classe média, mas o cuidado que ela tem com a liberdade de expressão, sentimento e gosto com a sua vida e as de seus filhos, Julio e Canã, fazem dela uma verdadeira rainha do lar. Todos se aconselham com ela, inclusive a vizinhança, pois é o mais incrível e notório exemplo de lucidez e segurança interna. Seus filhos, desde pequenos, foram ensinados a respeitar religiões, filosofias, crenças e foram levados a diversos tipos de igrejas e templos, para que cada um fosse livre para escolher aquele ao qual se adaptasse melhor. "Deus mora no coração dos homens, jamais nos templos de pedra", dizia ela a seus filhos. Hoje, adultos, cada um trilha seu próprio caminho.

Conheci um deles, o Julio, cujo semblante reflete toda a serenidade que a mãe lhe transmitiu. A mãe de Ana, Dona Macróbia, resolveu morar nos quartos do fundo, no quintal de Ana, isso porque não se adaptou às transformações da vida moderna e seus nervos já estavam visivelmente abalados.

Como pudemos observar pela história de Macróbia e Ana, não somos iguais, assim como os dedos de nossas próprias mãos não o são. Assim também são os nossos filhos, amigos ou mesmo a família humana.

Você pode estar pensando: "Mas espera aí! O que isso tem a ver com a minha vida? Nem filhos tenho!". Engano seu. Todos temos responsabilidades como educadores, sejam filhos, sobrinhos, amigos, pais. E por amá-los da nossa maneira, queremos dar aquilo que achamos que é melhor para eles. É louvável. Porém, sem o devido discernimento, podemos partir para o fator excesso. Quer ver?

Excessos de:

- atenção: que tiram a liberdade de movimentos;
- ensinamentos: que tiram a iniciativa própria de aprender por si mesmo;
- dinheiro: que os fazem preguiçosos, inibindo a iniciativa própria;
- liberdade: que lhes tiram o senso crítico, tornando-os seres sem limites;
- ajuda: que lhes roubam a criatividade e a noção de vida;
- doação: que os sufocam;
- manobra: que causam revolta;
- presentes: que lhes corrompem.

Não importa quantos filhos temos ou teremos, se dois, três ou mais, cada um é, ou será, sempre diferente do outro, em quase tudo: costume, disciplina, alimentação, modo de se vestir, maneira de rir. Mas, normalmente, somos tão acomodados e condicionados que acabamos perdendo a sensibilidade. Não observamos que a natureza assim os fez para que pudéssemos diversificar nossos pontos de vista, aumentar a nossa criatividade, expandir o nosso senso crítico e a nossa iniciativa própria. E isso tudo para que ficássemos o tempo todo na ativa e aprendêssemos a conviver com as controvérsias, pois o verdadeiro belo é sempre o equilíbrio entre os opostos.

Pais ativos observam, logo ao nascer, as diferentes qualidades inerentes aos seus filhos, e acompanham as tendências (estimulando as benéficas e questionando as maléficas). A observação, além de auxiliar na educação dos filhos, nos faz refletir, naturalmente, sobre nós mesmos. Quanto mais agirmos como exemplo, mais forte será nossa casa, trabalho e sociedade.

A correção dos desvios e excessos da nossa sociedade não virá somente pela obrigação de cumprir as leis dos homens. Essa correção tem que ser desde o berço, permanente, e não forçada e a curto prazo. A sociedade apenas mudará quando acontecer a transformação dos homens, pela conscientização de onde viemos e para onde vamos.

E onde ele vai encontrar tudo isso? Dentro de si mesmo, através da observação de seus atos, que são manifestações de seus pensamentos. Refletindo sobre si mesmo e sobre as consequências de seus pensamentos descontrolados e atitudes impulsivas ou omissas. Tendo atitude e decidindo internamente qual a sua opção de vida. Agindo para colocar sua decisão em prática e sabendo esperar os resultados de sua nova postura, com serenidade, diante das adversidades.

RESUMINDO:
ensine os homens a observar e eduque-os para refletir. Dê a eles a sabedoria do saber esperar, e eles agirão por conta própria, em favor da humanidade.

Dicas para desenvolver o discernimento:

- faça o que tem que ser feito, sempre;
- faça tudo com começo, meio e fim;
- planeje e organize seu roteiro de vida;
- tenha claros os seus objetivos e ideais, a curto, médio e longo prazo;
- gaste o estritamente necessário;
- olhe, observe, reflita e decida internamente antes de agir;
- não tenha medo de errar;
- saiba esperar, observando os efeitos de suas ações;
- avance e recue, avance e recue, avance...

Com essas dicas, desenvolvemos o discernimento, que é a fagulha inicial, a fonte de luz a orientar nosso verdadeiro destino, que temos o direito e a obrigação de construir.

O homem moderno deve e pode fazer seu próprio destino e sair da mercê das decisões alheias, tão desajustadas em quase todos os segmentos da vida humana. Ele pode viver no mesmo oceano de peixes, a favor da correnteza, mas desviando-se, sempre, dos dentes do tubarão.

O discernimento sempre traz sua filha legítima a tiracolo: a flexibilidade.

E o que é flexibilidade? É fruto do observar, refletir, tomar atitude, agir e saber esperar.

FLEXIBILIDADE é a capacidade de avaliar, diante de várias alternativas, e abrir mão, quando necessário, daquela de sua preferência, fazendo o que tem de ser feito, mesmo que não lhe agrade totalmente; mas que seja para o bem do grupo.

É a arte de recuar, para o bem de todos, sem conchavos.

É também a arte de administrar os opostos numa só direção, muitas vezes, tendo que ceder para *o todo* avançar. Ela é neta do "senso crítico".

Mas, por onde começar a praticar o senso crítico?

- Aprenda com seus próprios erros — aprenda a ver o lado positivo de uma perda e o lado negativo de um ganho.
- Evite reclamações, reflita e comece novamente.
- Fale somente o necessário.
- Eduque seus pensamentos, transformando fator inútil em fator produtivo.
- Corte seus próprios privilégios, sempre em primeiro lugar.
- Economize energia física e mental. Comece no pensamento, evitando a bisbilhotagem.
- Movimente-se sem desgaste, com planejamento, calma e precisão.
- Persista no seu ideal.

Ganhos:

- prioridade sem distinção ou preferências. Quando aprendemos a fazer o que não gostamos, quebramos condicionamentos, vencemos nossos limites e acabamos com a omissão, criando fibra interna. O que não gostamos de fazer, na maioria das vezes, está "linkado" com as nossas dificuldades internas;
- reflexão constante, sem trégua;
- integrar-se a tudo com sinergia, sair da suscetibilidade e adentrar a maturidade. Minha suscetibilidade é diretamente proporcional à minha iniciativa e reflexão; é só inverter;
- aguentar o tranco, internamente, com as decepções da vida. O melindre bloqueia nossa visão; porém, quando levo o tranco e aprendo com ele, crio fibra interna e desenvolvo visão futurista;

- ter espírito empreendedor, identificar seu verdadeiro potencial e o das pessoas à sua volta. Com o exercício da vida, aprendemos a identificar as verdadeiras prioridades;
- acabar com o apego;
- desenvolver a assertividade nas ações.

Criatividade

É a capacidade de criar, do nada, os recursos necessários para solucionar problemas, utilizando o tempo e o espaço mínimo disponíveis, equacionando o nosso dia a dia.

A criatividade está intimamente ligada à prática do primeiro movimento, o observar. Desenvolva sua própria maneira de pensar e agir, observando os resultados. Jamais erre por querer errar. Naquilo que você sabe que é certo, faça o certo. Dúvidas? Pergunte. Não sabe? Pesquise. Ignora? Descubra.

Em suas ações, encontre sempre um jeito de associar as ideias. Conecte-se em 360 graus com o universo que o rodeia. Encontre o caminho mais curto e simples. Descomplique-se até para tomar água ou comer um sanduíche.

LEMBRE-SE:
a criatividade não é obra de arte para fora. Criatividade é obra de arte para dentro, onde a tela é a sua mente; o pincel, a sua força de vontade; e as tintas, as suas ideias. Transforme-se em sua maior obra de arte: você mesmo!

Jamais se iluda. Satisfaça-se com o pouco que você tem, e desenvolva todo o necessário. Construa devagar, com calma, tijolo por tijolo, parede por parede, dia após dia, mês, ano. Mas faça tudo com bastante precisão, para que sua construção interna seja um campo de alta resolução. Pouco, mas sempre; pouco, mas seu; pouco, mas criando e ajudando, sempre.

O elemento mais importante da criatividade é a reinvenção. O que você precisa é reinventar-se, o que veremos mais à frente.

Por onde começar a praticar a criatividade?

- Exercite e encontre, por si mesmo, uma solução simples e produtiva para cada problema complexo.
- Arrisque. Não tenha medo de correr riscos. Seja ousado. Reflita, planeje, exercite; faça!
- Observe tudo o que está parado e sem uso à sua volta, crie um movimento, inove, envolva as pessoas, otimizando tempo e recursos disponíveis.
- Busque a renovação, em suas ações diárias. Observe tudo o que está à sua volta, tornando produtivas suas ações. Porque, da rotina para o comodismo, é um passo. E, daí para a omissão, é um dedo.

Ganhos:

- ter memória conectiva, utilizando os dados armazenados pela reflexão, com precisão absoluta, para educar sempre;
- simplicidade nas ações e coerência nas atitudes;
- informação específica o tempo todo. Simples e natural;
- reciclar-se, porque, sem reflexão, nós acabamos acreditando no que o sistema ou a tradição nos ensinaram, e não quebramos os condicionamentos; acabamos sendo conduzidos pelos outros, criamos uma zona de conforto e não vencemos limites;
- assumir as consequências de nossas próprias ações. Criar um movimento próprio;
- reinvenção.

Pois bem, com a conquista dos três princípios, você está pronto para o comando.

Vamos conhecer, no próximo capítulo, os cinco elementos que compõem o fator produtivo, que serão seu alicerce na construção de seu próprio destino, e transformarão você em um comandante.

CAPÍTULO V
CONTROLANDO AS EMOÇÕES E CONSTRUINDO SEU DESTINO COM OS FATORES PRODUTIVOS

Tudo o que você leu e aprendeu neste livro, até agora, ficará no vento da eternidade se o fator mais importante do seu sucesso não acontecer: você assumir o comando da sua vida. É ele que determinará o seu destino.

Todos, sem exceção, temos o dom do comando, desde o mais simples e, mesmo, iletrado até o mais conhecedor entre os homens. Ser dono de seu próprio destino é um dom inato, nasceu com você e só você poderá descobrir que é capaz de ser seu próprio comandante.

Ser comandante deveria ser o sonho de todos nós, pois ser comandante é ser um idealizador que divide sonhos com todos. Ele planifica, porém delega. Todos os comandantes, em seus diversos graus, possuem sabedoria e a utilizam, sempre, para o bem de todos, disponibilizando-a, sempre que necessário, para construir e edificar um mundo melhor. É como um profeta no deserto, a semear flores perfumadas, cujas pétalas servirão de calçada para justos e injustos, fortes e fracos, indistintamente. Comandante é o ser que já acessou e despertou a sua força interna. É sempre ele, com ele mesmo; não precisa de ninguém para convencê-lo internamente, tampouco tem a pretensão de convencer os outros. Espera sempre. É limpo, higiênico, saneador, não admite sujeira ou conviver com conchavos. É um homem de bem. Cheio de problemas, como todos nós, mas sabe administrá-los com discernimento. Quando promete, cumpre; quando deve, paga; quando não pode pagar ou cumprir, justifica com humildade, sem perder, jamais, a sua dignidade. Caminha como um homem qualquer, mas é identificado pelo seu olhar sereno e tranquilo, e é pela luz da sua alma que transparece seu semblante de paz.

O comandante possui a gerência nas soluções e administração dos problemas, estimulando todos a vencer seus limites. Ele não perde o controle da situação. Sempre orienta e é amado e respeitado por quase todos. Dá poderes de decisão e autonomia a cada um, respeitando a individualidade do ser.

Sua característica principal é a capacidade de aprendizado rápido e em todas as direções.

Ser comandante é ter disponibilidade para:

- proatividade;
- autodesenvolver-se;
- análise crítica;
- tenacidade (fibra interna);
- adaptabilidade;
- conhecer as tarefas;
- saber ouvir.

A simplicidade do comandante pode confundi-lo com todos. Ele, em qualquer nível e escala hierárquica, encontra soluções simples para problemas difíceis. Essa é sua marca registrada. Não precisa ser visto, satisfaz-se consigo mesmo, pois é preenchido interiormente pela luz do seu próprio ser. Vive permanentemente pronto para agir ou assumir, sempre que a injustiça e o descaso se fizerem presentes e o mais fraco for prejudicado. É um paladino da paz, sem ser o Robin Hood dos infelizes, pois pobres e ricos, para ele, têm a mesma importância. Sua sensatez e caráter têm o gosto de aço e a rigidez da bigorna; é a balança da justiça sob o fio da espada; tem o perfume de lírio, a luz das estrelas e o presente como a eternidade; doce como uma criança e sábio como um idoso. É sereno como a noite e obstinado como o sol.

Você já pode ser um comandante, precisa apenas conscientizar-se de que é capaz. Querem ver? Conheçam a história de Lucinda, aquela que eu guardo, com tanto carinho, da minha infância já esquecida:

Lucinda, a mulher de aço

Ainda garoto, eu frequentava a casa de um amigo, o Jonas. Ele tinha quatro irmãos endiabrados. Naquele tempo, existia um programa de TV aos domingos que se chamava "O circo do Arrelia e Pimentinha". Então, todos os domingos, às 14h, lá estava eu, sentado na frente da TV da casa do Jonas, comendo pipoca e amendoim. Os pais de Jonas eram pessoas cultas e viajadas, com boa situação de vida, mas a família dele, como um todo, era um verdadeiro tormento. Seus irmãos, Artério, Coronário, Pontes e Safena, eram de dar enfarte em qualquer um. Todos os dias, do café ao jantar, era pancadaria sem parar.

O pai de Jonas, Sr. Ventrículo Veia, tinha seus negócios na própria residência e fingia, literalmente, que nada acontecia. Entrava no escritório, trancava a porta e "deixava o pau comer solto". Ninguém trabalhava naquela casa, os quartos eram um verdadeiro curral. Safena, a mais jovem, muitas vezes, meteu a frigideira na cabeça do Coronário, alegando fragilidade. Coronário era vesgo de um olho e havia perdido três dentes em briga de rua. Uma vez, ele esquentou o ferro de passar roupa, agarrou Safena pelo pescoço e, colocando-a de bumbum para cima, fez dela uma tábua de passar roupa. Artério, que acabara de chegar, fingiu que nada viu, sentou-se na frente da TV e colocou o som no último volume, para que ninguém escutasse Safena gritando de agonia.

De outra vez, Jonas e eu presenciamos Pontes chamar o cachorro Bilú, acariciar o pobre cão, amarrar suas quatro patas, encharcar seu rabo de gasolina, colocar fogo com bombas de rojão e gritar: "vamos lá, campeão". Como se não bastasse, prendeu Safena junto com o cão, no banheiro. A barulheira foi infernal. Safena, gritando pelo pai, que se fazia de surdo, tentava abrir a porta aos chutes e pontapés e arrebentar a maçaneta com o pinico. Vendo que não conseguia abrir a porta, abriu o chuveiro e tentou apagar o rabo do cachorro, que já estava todo incendiado. O cão uivava como um urso indomável; rosnava como um leão ensandecido e tentava morder Safena, que tentava ajudá-lo. Jonas e eu, em um canto, morríamos de dar risada, achando aquilo tudo um frenesi. Ajudar, nem pensar, pois Artério e Coronário rolavam no sofá e perdiam o fôlego de tanto gargalhar. Seu Ventrículo resolveu agir. Impulsivamente, pegou sua bengala e meteu na cabeça de Pontes. Artério e Coronário vieram em socorro do irmão e puxaram a bengala dele. O pai da quadrilha rolou pela escadaria, com mais de vinte degraus. A escada terminava na beira da piscina, e ele caiu dentro d'água, que estava gelada, pois estávamos no mês de julho. Aquilo mais parecia um pesadelo ou um filme de terror. Sr. Veia, enfurecido, subiu as escadas e quando foi agredir os filhos... uma mão negra, feminina, bem cuidada, se interpôs e impediu o golpe certeiro, cuja direção era a cabeça de Pontes, e disse:

— Não se educa os filhos sem exemplos — era Lucinda, que, com firmeza única, sorriu para seu o Sr. Veia, discretamente.

— Eu mato esses cachorros loucos, solte-me, solte-me, que eu acerto com eles — gritava Sr. Veia.

— Ok, então vá, e depois não se arrependa daquilo que o sr. já deveria ter feito há muitos anos e não fez — sussurrou Lucinda nos ouvidos de Sr. Veia. — Como que por um choque anafilático, Ventrículo parou; quarenta anos se passaram em um segundo pela sua mente. Ventrículo Veia, parado como uma estátua, fitou o infinito e, em um esforço aparente, resmungou:

— Sempre fui um bom pai. Dei tudo para esses cachorros vira-latas e, agora, eles querem me matar?

— Talvez o senhor tenha dado tudo o que eles queriam, mas nada do que precisavam.

— Como? Como? Quem é você para me ensinar a educar meus filhos?

— Ninguém que o senhor tenha notado e que vive aqui nesta casa há quatro anos, evitando que coisa pior aconteça.

— Como assim? O que você quer dizer?

Lucinda era uma negra de elegância invejável. Lembro-me dela com um carinho imenso. Gorda, porém bem definida, ela impunha respeito. Sempre de avental de linho branco, com bolsos azuis, que *carregavam doces e chocolates para muitas emergências. Seu uniforme era impecável. A conga em seus pés serviria, ainda hoje, após 45 anos, de troféus para muitos garçons e maitres.*

— Senhor Ventrículo, o senhor é o culpado desta tremenda bagunça familiar.

— Eu trabalho dia e noite...

— É esse seu grande problema. Não percebeu que, trabalhando tanto, o senhor fez do seu escritório uma fortaleza entre o senhor e seus filhos? Na verdade, aquilo não é fortaleza, pois o senhor é mais frágil do que uma borboleta. Aquilo que o senhor chama de escritório já não passa de um cemitério, onde o cadáver e o coveiro são o senhor e cuja decoração é aquela máquina de escrever, sem falar naquele cofre de cor verde, de assustar bebê.

— Nunca dei liberdade para empregada nenhuma falar assim comigo!

— Sua mulher também é sua empregada?

— Claro que não!

— E por que, então, ela também é nula dentro desta casa?

Lucinda assumiu o comando da situação, não se importando em perder o emprego, nem sua reputação. Tudo parou. Todos ficaram estagnados esperando o desfecho.

— Pergunte à Dona Enfartada o que ela pensa — falou Lucinda, tão precisa como uma bala de canhão disparada contra uma mosca.

— Lucinda tem toda razão — disse Enfartada, saindo do silêncio. — Esta casa virou um circo, onde eu e você somos os palhaços no picadeiro e nossos filhos, animais de estimação.

— Senhor Ventrículo — asseverou Lucinda —, sente aqui...

Ventrículo, exausto, sem forças para desobedecer ou reagir, sentou-se no último degrau da escada.

— Espere aqui, que eu volto já — disse Lucinda, subindo a escadaria.

— Gatos cinzentos, chegou a hora de tirar o pó debaixo do tapete!

Não precisou de mais nada; os quatro, ou melhor, os cinco desceram a escadaria, num comportamento exemplar.

— Falem para seus pais o que vocês pensam deles. Não mintam. Repitam o que vocês já me disseram meses atrás.

Ventrículo ficou branco.

— Bom, papai — falou Pontes, — achamos que você é uma sombra que se esconde atrás da mesa, para não enfrentar nossa "criatividade espontânea".

— Fala o resto, menino — desferiu Lucinda, com o cano da assertividade nos ouvidos de Pontes.

— Nós gostaríamos que você, de vez em quando, brigasse conosco, nos desse umas palmadas, gritasse, esperneasse, colocasse-nos de castigo, chutasse nosso bum...

— O quê?

— Senhor Ventrículo, por favor, fique quieto e escute.

Lucinda estava um show.

— Nós precisamos de sua presença, papai; fazemos tudo isso para chamar a sua atenção. Você nos despreza, não liga para a gente... snif, snif — Pontes começou a soluçar.

— Como é possível...?

—Shiiiii, por favor, pare de falar, homem de Deus. — Lucinda não poupava.

— Papai, o Pontes precisa de seus cascudos na orelha — arrematou Artério —, e o senhor se faz de pai compreensivo? Safena e Coronário arrumam confusão das grossas, na rua, só para o senhor notá-los e ir com eles na delegacia.

— Como eu não sei de nada disso? Na delegacia? Mas... o que...

— É Lucinda quem resolve todos os problemas comportamentais dentro de casa, porque o senhor não dá a mínima. E quando dá é na pancada, para matar. Assim não dá! — arrematou Pontes.

— O que mais eu não sei?

— O Jonas já foi chamado na diretoria pelo senhor Almeida mais de cem vezes e vai "levar pau", de novo, na escola.

— Não, senhor — intercedeu Lucinda, gravemente —, o problema do Jonas é coisa de moleque que, junto com esse tranquerinha do Zabeu, passam trote nas meninas e nas professoras, todos os dias.

Ele está muito bem de notas, porque eu fico com ele, na surdina, para ajudá-lo. Ele é o melhor da classe.

Opa, eu havia sido descoberto. Que sacanagem, eu, um santo menino, exposto como ferida em pus. Seu Ventrículo, colocando as mãos no rosto, quase em desespero...

— Que vergonha! A empregada assumiu o comando da minha família.

— Errado — disse Lucinda, franzindo a testa. — Dona Enfartada é uma santa mulher, mas tem medo de falar. O senhor é um ditador inveterado, fantasiado de bonzinho. Se não fosse Dona Enfartada, o senhor estaria em grandes apuros. É ela quem administra a casa e as contas bancárias. O senhor deve ser filho de tatu, pois, enquanto todo mundo rebola, o senhor vive com a cabeça na toca.

Lucinda, de maneira franca, foi leal à Dona Enfartada. O fato é que os quatro filhos de Ventrículo ficaram claramente perturbados, pois...

— Bem, acredito que minha missão nesta casa já terminou. Vou arrumar minhas tralhas e vou cuidar da minha vida.

Toda família entrou em pânico.

— Para onde você vai, Lucinda? — perguntou Dona Enfartada, timidamente.

— Estou pronta para começar tudo de novo. E se me jogarem de paraquedas na selva, sou capaz de sobreviver. Crianças... — disse Lucinda, abrindo os braços.

Aquela cena, até hoje, ficou inesquecível. Os quatro filhos se juntaram em torno de Lucinda.

— Fica, Lucinda, fica. Prometo me comportar — disse Safena, em prantos.

— Não, não quero que você vá. Fique, por favor, fique — chorava Jonas compulsivamente, agarrando o avental de Lucinda.

— Puxa vida, dancei! Isto não pode estar acontecendo — falou Coronário, já com catorze anos de idade, blasfemando.

Lucinda abraçou todos os quatro, como galinha a seus pintinhos, e disse:

— Ok, gatinhos, vamos todos dormir e amanhã resolvemos o que fazer.

Percebi que a festa acabou, o jogo foi tão pesado que Lucinda resolveu amaciar.

Minha mãe, outra comandante por natureza e enfezada, com certeza, já me esperava na porta de casa, com a vara de marmelo na mão, para eliminar toda e qualquer possível carência que eu, com certeza, naquela altura do campeonato, não poderia demonstrar.

Anos depois, mudei de residência e tive notícias, pelo Jonas, hoje avô coruja e bem assentado na vida, de que Lucinda foi madrinha de casamento de Safena e ajudou a criar seus seis filhos; e, com os cabelos brancos como neve, morreu com 85 anos de idade, deixando para os netos de Ventrículo Veia uma poupança considerável.

Deixou-me o seguinte recado: "Dê lembranças ao capetinha do Zabeu, que nesta fase da vida já deve ter feito minhoca virar serpente e grilo virar gente".

Incrível como Lucinda, apesar de tanta firmeza, era elegante e tão engraçada. O que quero dizer é que Lucinda era humilde, despojada, direta e tinha princípios; lealdade não lhe faltava. Ela era feliz, compacta; um exemplo de bondade e compreensão. Discreta, só falava quando solicitada, mas, quando abria a boca para falar, era sabedoria sem fim, inesgotável. Seus pais eram originários de Angola, África; criaram Lucinda com pão e água (se é que teve), mas deram a ela o princípio necessário para se tornar uma comandante. Exemplo de amor, dedicação, responsabilidade e liberdade de expressão, ela observava tudo em silêncio e refletia sobre tudo, antes de falar e agir. Tomava atitude, pois jamais ficava em cima do muro. Agia, esperando o momento certo, com precisão. Sabia esperar o tempo passar e, com calma, colocava cada coisa em seu lugar. Asseada, com oitenta anos de idade encontrava tempo para manicure e cabeleireira. Soube-se que jamais pediu dinheiro emprestado e, além de emprestar o seu, não comprava nada fiado. Um hábito bastante usual nos dias de hoje, não é?

RESUMINDO:
ser comandante jamais foi privilégio de poucos. Ser comandante, assumindo sua própria vida, é um dever de todos.

Como vimos, comandantes existem em todos os graus e níveis, pois não se exige graduação técnica ou acadêmica, e sim potencial. E isso você já tem até demais, precisa apenas:

- estar disposto, de verdade, a perder e a ganhar;
- descobrir sua área de ação, expondo-se;
- assumir seus erros e defeitos e corrigi-los;
- desenvolver suas habilidades, praticando e desenvolvendo seu potencial produtivo;
- não se tornar um falso sublimado, isto é, se fazer de bonzinho para levar vantagem — o hipócrita;
- eliminar suas suscetibilidades e melindres;
- querer e agir como gente madura;
- prometer e cumprir;
- ter começo, meio e fim em tudo, tudo mesmo;
- continuidade "permanente";
- assumir apenas o que se pode realizar e cumpri-lo bem;
- buscar oportunidades em tudo e com todos;
- assumir novos riscos e ousar, com planejamento.

Também é importante fazer um inventário de tudo: do ontem, do hoje, do amanhã e do eternamente. Como? Respondendo com absoluta sinceridade às seguintes questões:

1. o que eu quero de mim e dos outros?
2. o que eu tenho até hoje e o que pretendo ter?
3. quais são meus pontos fracos e fortes?
4. de onde vim, o que sou e para onde vou?

Porém, do comandante será exigido não só o controle das situações, mas a sabedoria de lidar com as pessoas e a capacidade de administrar suas emoções. Exige-se, do comandante, ordem, organização, delegação, planejamento, higiene. Esses elementos, juntos, formam a credibilidade, que é o exercício do caráter incontestável. Tudo isso se adquire com exercício e tempo. E não se preocupe, você terá os dois, e de sobra!

O comandante não precisa da boca para falar, de ouvidos para ouvir, nem dos olhos, para enxergar. Ele desenvolve o olho do espírito universal: a percepção. Comandante é aquele que, muitas vezes, pode estar na linha de trás, dando suporte para a linha de frente. Lembra-se da história de Lucinda?

Todos aqueles que desenvolvem em si mesmo a habilidade de dizer não, quando é não, e sim, quando é sim, já estão a caminho de se tornarem comandantes.

Comando é ter a coragem de superar seus limites, conquistando habilidades que são os ingredientes naturais para a realização do que é natural na pessoa, e desenvolvendo competências, que são técnicas e conhecimentos adquiridos, para realizar tarefas bem-feitas e desenvolver suas funções.

O comando da sua vida é consequência do comando da mente, do controle das emoções e da assertividade nas ações, o que chamamos de autogestão integrada. Ou seja, é o resultado do desenvolvimento de habilidades que nos levam a colher resultados positivos em nossas vidas, sob todos os aspectos, concomitantemente: pessoal, familiar, profissional, social e comunitário.

AUTOGESTÃO INTEGRADA

é administrar a própria vida em harmonia absoluta. É possuir habilidades e competências, adquirindo o talento de comandar a própria vida, em todos os ambientes. É acessar o equilíbrio dos movimentos da sua própria vida e viver dentro da sua cadência. É conquistar o comando da mente, o controle das emoções e a assertividade nas ações.

Comando da mente

É ter absoluto controle sobre minhas ações, desejos e pensamentos, de qualquer natureza.

É ter também o controle nas minhas necessidades de sobrevivência: fome, sede, sono. Consiste em sanear, organizar e harmonizar os pensamentos, de tal forma que, de imediato ou em poucos minutos de silêncio, é possível parar de pensar e facilmente refletir sobre um assunto desejado, sem interferência dos demais. É eliminar completamente o ócio, o apego, a bisbilhotagem, a impulsividade e a omissão. É fator inútil zero.

Recomendações para o comando da mente:

- elimine fofocas e mexericos;
- ocupe-se o tempo todo, construindo o tempo todo;
- eduque sua atenção, mantendo-a naquilo que está realizando; ou seja, não faça uma coisa pensando em outra. A faculdade de realizar várias coisas ao mesmo tempo, e bem-feitas, é consequência natural dos 5 Movimentos do Autoconhecimento.

Controle das emoções

É ter ascensão sobre minhas paixões, ira, remorso e mágoas, os quais me conduzem a impulsividades e omissão.

Consiste em descobrir-se, estudar-se, perdoar-se. É ouvir sem interrupção; falar simples; é sorrir sempre e ser discreto; é evitar elogios, estimulando sempre. É ter o tempero dos seus movimentos sob controle.

É não sofrer com perdas, nem abusar dos ganhos. É aprender a utilizar todas as coisas que se tem como empréstimos, que um dia terá que devolver... e terá mesmo. É banir para sempre de nossas vidas atitudes omissas e impulsivas.

Recomendações para o controle das emoções:

- fale sempre baixo;
- aprenda a ouvir mais que falar;
- faça tudo com moderação;
- reflita antes de qualquer movimento, por menor e sem importância que ele pareça.

Assertividade nas ações

É ter precisão nas ações e decisões, optando sempre pelo que é certo e mais simples.

Ser assertivo nas ações é saber traduzir o resultado do Comando da Mente e o Controle das Emoções, falando a coisa certa para a pessoa certa, e de forma certa. É falar tão somente as coisas que precisam ser ditas, de forma simples, coerente e construtiva.

Ser assertivo em nossas ações pode e deve começar na administração do nosso dia a dia. As pessoas não são assertivas porque não simplificam. Lembro-me que, há dois anos, estava em Londres a negócios e, na hora do almoço, quando não tinha reuniões, eu costumava tomar um lanche, mais econômico, sentado em uma lanchonete das avenidas centrais. Com intuito de estudar o comportamento das pessoas, sentei-me em frente a uma grande loja de departamentos e fiquei a observar o movimento das pessoas. Descobri coisas interessantes: havia pessoas que entravam na loja, pediam dezesseis ou dezessete modelos de vestidos para a vendedora, passavam a tarde experimentando e saíam de lá sem levar nenhuma peça. Já outros pediam para experimentar dezenas de pares de sapato e também não levavam nenhum. Perdia-se tempo, tomando o tempo dos outros. É a mágica do engodo. Infelizmente, descobri que isso não ocorre somente em Londres, mas também nas cidades do "arraiá do interior" de São Paulo e de todo o mundo. As pessoas são as mesmas em todos os lugares.

O que estou querendo dizer é que, se essas pessoas fossem assertivas, elas entrariam na loja, escolheriam as peças que mais gostaram, duas ou três, perguntariam o preço das três (para ver se estavam no orçamento) e somente depois é que experimentariam, levando a que mais tivessem gostado. Ou, melhor ainda, a peça que realmente estivessem precisando.

São nas coisas do dia a dia que aprendemos a ser assertivos.

Como praticar?

- Colocar, na escova de dente, apenas a pasta suficiente para escová-los.
- Colocar, no copo, apenas a água que vamos beber.
- Comprar apenas aquilo de que precisamos, dentro do orçamento.
- Ir aos lugares, diretamente, sem perda de tempo e com planejamento prévio.

Diz o ditado que "tempo é dinheiro". Eu diria que "tempo é o único capital que possuímos". É ele, infelizmente, o que nós mais desperdiçamos.

É difícil entender como saímos tanto do caminho natural, quando temos a natureza à nossa disposição, para nos orientar; basta observar. Lembram-se da história da Natasha? Ela é um animal que consideramos irracional. No entanto, por ser instintiva, vivendo ainda o caminho natural da vida, ela foi assertiva. Assertividade é uma faculdade do ser natural, que jamais perde tempo; busca sempre o caminho mais curto e eficaz. Ser assertivo é ser o Tio Patinhas do universo. Precisamos observar mais os animais e a natureza, e sermos mais assertivos.

Recomendações para a assertividade nas ações:

- fale pouco e com precisão, gentilmente;
- seja simples e objetivo;
- não gaste tempo com inutilidades;
- simplifique sua vida.

Veja o resumo no gráfico a seguir:

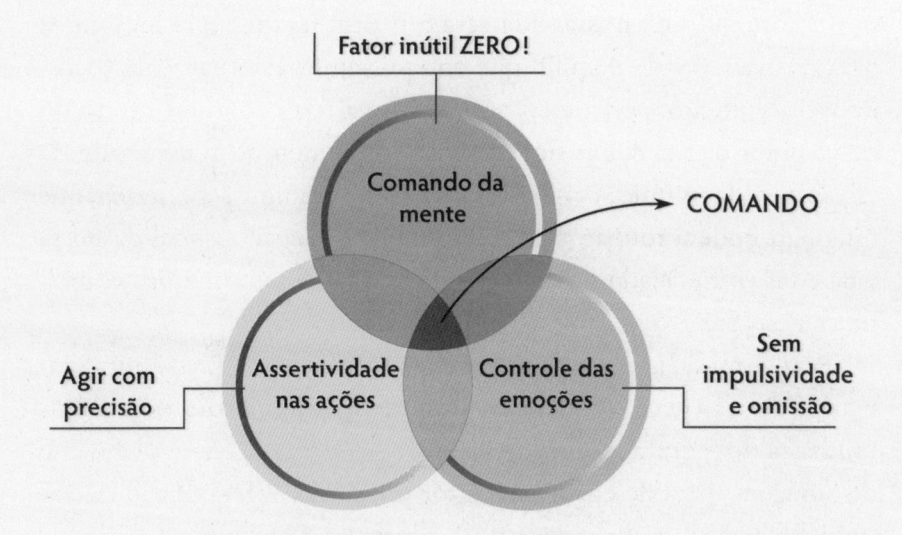

Fator inútil ZERO!

Comando da mente → **COMANDO**

Agir com precisão — Assertividade nas ações

Controle das emoções — Sem impulsividade e omissão

Para alcançar o comando da nossa vida, temos que viver com pouco, com o que temos, com direção determinada e rumo definido. Não podemos ficar de picuinha, melindres, suscetibilidades, "chorando o leite derramado". Para nos transformarmos em comandantes, não podemos ser covardes, desleais, antiéticos, fracos, corruptos. Temos que ter altivez e dignidade, não importa se somos pobres ou ricos. Temos que ser os mesmos por dentro e por fora, e iluminados por dentro.

Por que o comando da mente, o controle das emoções e a assertividade nas ações deve ser o primor de nossas vidas, nosso ideal maior, a excelência do sucesso permanente?

Porque não precisamos de dinheiro nem de poder para conquistá-los e construir nosso destino. Precisamos apenas de uma exigente batalha interna, de policiamento em nossas ações, treinamento de posturas, mudança de comportamento. É a imersão a serviço do despertar interno, rumo à luz espiritual, para alcançar a sabedoria. É descobrir, no meio da rocha, a mina de diamantes que existe em nós.

O primeiro passo, usando os 5 Movimentos do Autoconhecimento, como vimos no capítulo anterior, é eliminar o fator inútil. Com a conquista dos três princípios, e exercitando o comando, vamos edificar nosso fator produtivo, que será a sustentação para o comando da mente, o controle das emoções e a assertividade nas ações.

O comando de nossa vida será a única herança que levaremos para o caixão. Nada daquilo que conquistamos externamente (bens, imóveis, dinheiro, poder etc.) poderemos carregar conosco, no dia do nosso enterro. São coisas transitórias, ferramentas de aprendizado na escola da vida. A única coisa que será nosso patrimônio *ad eternus*, que ninguém poderá roubar, tirar, corromper, é chegar ao final da nossa vida e ter conquistado nosso ideal, do qual falamos anteriormente. E morrer em paz.

Para consolidar e manter o processo de mudança, reassumir o comando de sua vida e construir seu próprio destino, será necessária uma mudança de postura interna. Você já tem elementos, em seu Universo de Soluções, para desenvolver o fator produtivo. Mergulhando nesse universo, você descobrirá todo o seu potencial. Lembram-se da garrafa de água e óleo, no primeiro capítulo? Pois bem, é hora de "tirar nossa água do sufoco".

Como é, você aguenta mais um pouco? Então vamos lá!

5 ELEMENTOS DO FATOR PRODUTIVO

É todo e qualquer movimento, interno ou externo, que traz, na sua essência, a expansão do ser com o universo.

O fator produtivo é composto de cinco elementos interativos: impessoalidade, reinvenção, foco, ação transformadora e autocredibilidade.

É importante dizer que a conquista desses elementos, assim como os 5 Movimentos do Autoconhecimento, não é um processo linear.

Esses elementos devem ser utilizados da mesma maneira que os algarismos de 0 a 9, que compõem números ao infinito, ou como as letras do alfabeto, para escrever um dicionário. Vamos conhecê-los?

Vamos ao primeiro elemento do fator produtivo...

Impessoalidade

É a habilidade de imergir em si mesmo, mergulhar no Universo de Conflitos e Soluções e descobrir o que é certo ou errado, fazendo o que tem que ser feito.

É encarar e buscar trabalhar o nosso lado escuro, pois, sem isso, a impessoalidade não seria possível. Sou eu comigo mesmo. É o refletir analítico. Impessoalidade ocorre quando eu uso os 5 Movimentos do Autoconhecimento dentro do meu Universo de Conflitos e Soluções. É lá o subsolo da reflexão.

A impessoalidade é quando mergulho em mim mesmo e, com isso, sou capaz de distinguir entre a mente e o Ogos (espírito) e, assim, redescobrir o ser que busca sua verdadeira identidade, que subsiste a tudo. Feche os olhos e observe seus pensamentos e ideias como se fosse um telespectador na frente da televisão. Identifique-se como o assistente, e a seus universos, como os programas.

LEMBRE-SE:
a impessoalidade é lenta e vagarosa, porém eterna e infinita. Temos que começar já.

É o balanço interno, para saber o que realmente sou, o que já tenho e o que preciso conquistar. É assumir minha realidade atual, computando as minhas virtudes e imperfeições, para planejar a minha reconstrução. É a hora derradeira de saber e aceitar meus limites atuais e trabalhar, incessantemente, para superá-los. É o reconhecimento de nosso Universo de Conflitos e Soluções. É ter a consciência e a humildade de se reconhecer e, com o que já conquistou, palmilhar o caminho para o seu ideal maior.

É encarar, realmente, a minha realidade que está oculta. Olhar-me frente a frente, sem ninguém observando. É ver, com a luneta da autocrítica, os vulcões do meu universo. É focar com o microscópio do senso crítico o vírus da vã justificativa e as bactérias do autoconchavo, e encontrar a vacina da verdade verdadeira.

Temos que recomeçar a reconstrução de nós mesmos, e a impessoalidade é um dos elementos imprescindíveis nessa tarefa, pois ela permite o contato com as nossas reais necessidades. É avaliar e encontrar nossos verdadeiros limites, afastando, de nossa vida, o fantasma do medo e da insegurança; construindo a autocredibilidade e, consequentemente, a autorrealização.

Mas por que todos nós, mesmo estando errados, queremos estar certos? Por que a gente mente para levar vantagem ou, ainda, "empurra com a barriga" aquilo que sabemos que vai nos causar problemas logo adiante?

Por que deixamos de assumir nossos erros e nossas culpas, com medo da punição que pode vir em forma de exclusão, humilhação, perda da credibilidade, poder ou riqueza? Pura imaturidade nossa. Ensinaram-nos que o perfeito é que é bom e nos trará o caminho do paraíso. Ora, como ser perfeito sem errar e assumir as próprias fraquezas? Será que, no tão disputado paraíso, existiriam mentirosos, covardes e medrosos? Acredito que não. Então, por que fazemos isso? Como podemos viver um futuro distante sem construir um presente seguro?

Um dos maiores enganos do ser humano é não ter consciência de sua realidade interna atual. Muitas vezes, acabamos por traçar um objetivo que está fora de nossa possibilidade real. Por exemplo: quantas vezes queremos comprar uma BMW, ganhando salário mínimo? Sabemos que é pouco provável alcançar esse objetivo. E o que fazemos? Em vez de adequar nosso objetivo à nossa realidade, buscando sempre expandi-lo, ficamos chorando e reclamando que nunca vamos conseguir comprar a BMW, esquecendo que não podemos comprá-la, porém podemos começar por um Corsa.

Acontece que, quase sempre, nós nos preparamos, para uma vida futura, vivendo de modo invertido. É muito contraditório, pois se "o bom é falar a verdade", por que mentimos para levar vantagens? Se o certo é assumir, por que fugimos? Se o correto é ser corajoso, por que somos covardes?

Foi-nos ensinado, pela tradição, que o homem não vive sem sonhos. Eu diria que o homem não pode viver sem ideal, pois é em cima do ideal que se constrói todo um sonho. O sonho deve ser a mentalização do meu ideal em estado de vigília. Ele deve ser o fruto da nossa imaginação; consciente e planejado.

O ideal é construído em cima da impessoalidade, da reinvenção contínua, com foco, ação transformadora e autocredibilidade. Do sonho simplesmente, isto é, sem ideal, podemos acordar e continuar vivendo de sua miragem, que é o eco daquilo que já não existe mais. Ideal, não. Ideal é o futuro já, na minha imaginação, alimentado pelo meu poder de ação planejada.

Baseado nessas indagações é que fui pesquisar. O que leva o ser humano a ser exatamente o contrário do que gostaria e precisaria ser? Resposta: é o medo e/ou a insegurança interna de sobrevivência. Criamos um teatro e agora não sabemos viver o real. Construímos um universo de estrelas, sem antes entender de cometas.

Descobri que nenhuma insegurança vem de fora. Todas vivem dentro de nós. O medo é o fantasma mais temido que o ser humano conheceu. O grande antídoto da insegurança chama-se impessoalidade, pois é o verdadeiro querer descobrir em mim mesmo o que é certo e o que é errado. Não existe quem consiga mentir para si mesmo.

Posso estar equivocado ou iludido, no máximo, mas nunca acreditar, de fato, na minha própria mentira, e ser feliz. Abrimos mão de nossa paz e serenidade pelas facilidades oferecidas por uma sociedade instável, e perdemos nossa tranquilidade e harmonia espiritual permanente pelas medalhas e glórias passageiras e superficiais. Tudo isso para conquistar, unicamente, a nossa aparente segurança. Trocamos as coisas simples do dia a dia pelas teorias e guerras intelectuais. Deixamos de construir, devagar e sempre, uma vida segura e natural, por aventuras desmedidas, perdendo nossa base de sustentação, alegando reinvenção.

Os pesquisadores da natureza já descobriram que, após uma grande queimada, ressurge uma vegetação mais robusta e que, após catástrofes naturais, ressurge sempre maior equilíbrio e vida mais abundante. Somos diferentes da natureza? Não. Somos exatamente seus efeitos. Para nos reconstruirmos, é necessária a imersão interna. Ela causará a sensação de uma grande catástrofe emocional, pois quebraremos condicionamentos, precisaremos rever valores e romper com aquelas tradições que já não agregam nada à nossa vida.

Como buscar a impessoalidade:

- decida descobrir-se, conscientemente, e mergulhando em seu Universo de Conflitos;
- faça uma faxina interna, identificando do que gosta e do que não gosta;
- deixe claro para você o certo e o errado em tudo;
- disponha-se a consertar tudo o que você quebrou;
- refaça, rediga, reconduza e reorganize tudo o que for necessário;
- identifique o que você não gosta de fazer e encare isso como desafio, refletindo quais ganhos os resultados lhe trarão;
- não sofra com perdas, desilusões e decepções;
- recomece, sempre, o tempo todo;
- pratique os 5 Movimentos do Autoconhecimento de forma definitiva.

Quais as finalidades da impessoalidade?

- Fortificar-se de coragem.
- Você fazer o que tem que ser feito, como tem que ser feito, na hora em que tem que ser feito.
- Aumentar a capacidade de decisão.
- Ter ações mais precisas e duradouras; assertividade nas ações.
- Ser imparcial diante dos conflitos da vida.
- Fortalecimento do caráter.
- Independência para dizer sim, sim ou não, não.
- Compreensão e autoridade natural em situações de pressão.
- Comando da mente, controle das emoções.
- Desenvolvimento e expansão da percepção extrassensorial — visão de futuro (ver o livro *Autoconhecimento — o tesouro desconhecido*).
- Mesmo senso de justiça com amigo e inimigo.
- Absoluta imparcialidade consigo mesmo.
- Eliminar o particularismo pessoal.
- Nunca, jamais encontrar desculpas descabidas para o fracasso.

- Reiniciar o tempo todo de onde você parou.
- Desenvolver a iniciativa própria, o senso crítico, sem trégua.
- Não aceitar a convivência com o melindre ou a suscetibilidade.
- Eliminar o fator inútil definitivamente.
- Ter coragem de reinventar-se e estar disposto a aceitar uma mudança de postura interna.
- Dispor-se consigo mesmo a perdoar-se e autossuperar-se quanto a erros do passado.
- Estar efetivamente determinado a enxergar de dentro para dentro um novo universo.
- Não aceitar mais quantidade, mas sim qualidade, naquilo que for essencial.
- Cuidar de todas as coisas nos detalhes.
- Descobrir que nada neste mundo é um bicho de sete cabeças.

Na impessoalidade, jamais queremos levar vantagem que não é nossa. Trataremos, a nós mesmos, com o mesmo rigor com que tratamos as outras pessoas. Assim nos transformamos em verdadeiros educadores, em plena classe de aula: ninguém tem privilégio ou sai na frente; todos são iguais.

Na impessoalidade, desaparecem raça, cor, religião, poder, riqueza, sexo etc. É uma manifestação do Ogos (espírito), e não mais da mente, que quase sempre mente.

A impessoalidade é como se fôssemos a semente de uma grande árvore, na qual galhos, folhas e frutos têm a mesma origem e a mesma finalidade. O que difere é somente o tempo e o espaço de cada um. Quando desenvolvemos a impessoalidade, é como se fôssemos a semente e os frutos, ao mesmo tempo, pois se abre uma percepção sobre os mistérios que envolvem a vida como um todo, e nossa visão se torna macrocósmica. A sensibilidade e o amor exalam de nós como perfume e sabedoria.

Praticando a impessoalidade, ampliamos a nossa visão para o todo. Para isso, é necessário imitarmos as grandes catástrofes naturais e deixarmos nascer, em nós, um novo ser, como uma borboleta do casulo.

Pelas asas da segurança e do destemor, seremos fortes sem machucar; autênticos, sem copiar; amigos, sem lisonjear; justos, sem negociar. Temos que optar por nos tornarmos uma janela do equilíbrio cósmico e ascendermos para a reconstrução do ser. Teremos que assumir o comando das nossas vidas com trabalho duro e sem trégua, ou continuaremos a ser perseguidos pelo fantasma do medo e da insegurança, e perderemos o dom mais precioso, que é a liberdade. A troca é justa.

CONCLUSÃO:
impessoalidade é um processo de autoidentificação, no qual eu e eu somos um só. Partindo da nossa própria consciência, vamos expandir para o todo. É um processo cuja finalidade maior é a autocredibilidade, abrindo as portas para o nosso universo livre. É o mergulho em nosso mundo de verdades e mentiras, buscando sempre um ponto de partida, pois assim teremos o encontro com a paz interior permanente. A impessoalidade não pode ser confundida com a neutralidade. A neutralidade é a busca do equilíbrio entre duas ou mais partes, quando os fatos acontecem fora de nós; é a habilidade de mediar, com imparcialidade, os conflitos de interesses entre pessoas. Já a impessoalidade é o mecanismo para sanear nossos próprios conflitos, buscando a nossa realidade interna para a autorreconstrução.

Depois do balanço interno, o próximo passo para consolidar o fator produtivo e a reorganização interna é a reinvenção, o segundo elemento do fator produtivo.

Reinvenção

É a renovação integral: corpo, mente e Ogos (espírito), de nossos movimentos internos, que se materializa em reflexos externos, através da modernidade e do empreendedorismo.

É expandir conceitos, sentimentos, atitudes, ações, ideias e sonhos no futuro. É uma postura interna de assumir riscos, crescer e expandir. É sair da concha de si mesmo e fazer acontecer. Caso contrário, estaremos fora do páreo da vida produtiva e do sucesso.

Reinventar-se não é apenas ter cara nova, embora, muitas vezes, esse movimento seja o início de que precisemos. É mudança de comportamento, superando os nossos limites, enfrentando as nossas dificuldades. É dar a volta por cima, com dignidade e precisão. É desmontar o circo.

Primeiros passos para a reinvenção:

- praticar a impessoalidade, diariamente, até torná-la parte íntima de nós mesmos;
- observar se estou atualizado nos noticiários do mundo;
- estou feliz no presente? A que custo eu manterei a atual aparência?;
- o que eu quero no futuro, em imagem e projeção?;
- qual é o próximo passo, para atualizar-me em ideias e conceitos?;
- simplificar, sorrir e ouvir, sempre.

Todos nós, sem exceção, carregamos uma carga de incidentes, condicionamentos e tradições que já não fazem mais parte da nova era; mas, por comodismo ou omissão, temos medo do novo, do desconhecido ou, ainda, achamos que não precisamos mudar o rumo das coisas pois estamos na crista da onda.

Observamos, no dia a dia, pessoas que nem mesmo renovaram a gravata! E o que é pior: não renovaram nem palavreado, expressões, linguagem, tiques, ideias, móveis da casa (que cheiram mofo) ou penteados estilosos; tudo está igual a vinte anos atrás. E por quê? É que todas as mudanças exigem sacrifícios e perdas iniciais. Por exemplo, eu terei que:

- parar de chorar nos ombros dos outros;
- reestudar meus próprios sonhos e pesadelos;

- desenvolver ou criar um ideal nobre pelo qual valha a pena viver;
- desengatar-me de filhos, mãe, pai, marido e esposa, e caminhar por mim mesmo. Independência... Largar a chupeta!;
- simplificar a vida, a curto, médio e longo prazo;
- destrancar as portas, cadeados e janelas das minhas omissões, abrindo portas ao diálogo com parentes e amigos, bem como com os inimigos;
- aprender a sorrir com espontaneidade;
- ouvir mais, ao invés de falar como matraca;
- exercitar o "virar a mesa", quando preciso, coisa que eu nunca fiz, mas sempre para educar e jamais para dividir;
- recuar nas coisas que sempre sonhei, e sempre soube que jamais teria;
- parar de xeretar a vida alheia;
- ouvir o que os outros pensam de mim;
- esquecer desafetos;
- trabalhar como voluntário em alguma instituição séria;
- falar baixo e com educação;
- desarmar-me contra mim mesmo e contra os outros;
- renovar meu guarda-roupa e perfumes, reduzindo-os em 30% no mínimo;
- mudar de emprego, se preciso for, e buscar coisa nova, mesmo que eu ganhe menos; porém, estresse e frustração nunca mais.

Eu considero que existam três times:

PRIMEIRO TIME: são os duros na queda, que não se intimidam e não se deixam abater; criticam, falam e não aceitam com facilidade as mudanças, mas, diante de evidências e falta de alternativas, acabam se encaixando, pois, para sobreviverem, são obrigados a se reinventar.

SEGUNDO TIME: são aqueles que não encontraram dificuldade nenhuma. Sabem por quê? Já sabem tudo, não precisam de nada e de ninguém. Já estão prontos. E o circo continua, pois ainda continuarão eternamente adormecidos.

TERCEIRO TIME: são aqueles que não têm nenhuma dificuldade em absorver as inovações. Sabem observar tudo, ouvir com atenção e refletem com sabedoria. São os "*personal update*". Estes não sofrem, nem choram; trabalham duro e assumem riscos. São os lúcidos por natureza.

Em qual dos times você está? Não se preocupe, os três são times ganhadores; é só uma questão de eternidade, ou seja, de tempo e espaço...

RESUMINDO:
reinventar-se é limpar-se por dentro, saneando o passado, trabalhando o presente e consolidando o futuro, com absoluta transparência e serenidade.

Reinventar-se é investimento 100 e gasto zero. Portanto, não gaste um só centavo ou um só segundo com o desnecessário.

Como começar?

1. Desfaça-se de tudo o que seja inútil em sua vida. Comprou dois ternos? Dê dois ternos antigos. Comprou um par de sapatos novo? Dê o usado. Não acumule. O que é acumular? É juntar um monte de coisas, novas ou velhas, desnecessariamente, para finalidade nenhuma. Abra agora mesmo seu guarda-roupa, geladeira e identifique os excessos.

2. Não gaste tempo nem energia com aquilo que não constrói. Sacô? Por exemplo: antes de aceitar um convite ou participar de uma festividade, identifique a sua verdadeira utilidade para o todo, não só para você ou alguns outros. Identificando perda de tempo ou energia, não vá, não faça. Aprenda a dizer não! Um grande não. A carência humana exige de nós uma participação intensa nos movimentos em geral.

Sem reflexão, vamos arrumando compromissos sem necessidade, para depois reclamar que não temos tempo para nós mesmos.

Reinventar-se pode começar pelo aprendizado de dizer *não* para muitas coisas que não fazem parte de nossa produtividade. Nosso tempo e nossa vida são curtos e a produtividade, menor ainda. O contrário pode ser verdadeiro: se você é um tatu doméstico, saia de casa, movimente-se, modernize-se.

Com raríssimas exceções, nossa vida passou e nós nada realizamos, de verdade. Na maioria das vezes, envolvemo-nos com porcarias, sonhos acadêmicos, ilusões festivas na sociedade consumista e, como prêmio por tamanha mentira, agasalhamos, no final da vida, o peso excessivo de ansiedade, angústia e depressão. Felizmente, a ansiedade, a angústia e a depressão são de fácil solução. Encontre o que fazer. Torne sua vida produtiva.

Reinvente-se. Pare de chorar o leite derramado e observe mais: o barulho que eu faço para comer, os roncos que emito ao dormir. Pergunte ao seu parceiro e ele vai lhe dizer. Se te convidam para ir a uma festa, descubra seu limite para falar, comer, movimentar-se. Pare de sofrer pelas obrigações consumistas. Se você gosta demais de festas, encontros sociais, assuma e tenha consciência de que essa energia que você gasta hoje vai lhe fazer falta amanhã ou algum dia em sua vida, pois "conversa fiada não move moinho, tampouco frita toicinho". É ou não é?

Gostaria de passar a você uma história da antítese da reinvenção. E, para isso, quero apresentar-lhes:

Madame Prindela, a Cheirosa

Conheci há algum tempo Madame Prindela. Gorda, rica, frequentava altas rodas da sociedade paulista. Tinha 55 anos quando eu a conheci em um chá beneficente. Cheirosa como ninguém, seu perfume anunciava sua presença a 500 m de distância. Seu nariz de pombinha já não sentia mais seu próprio cheiro. Quando ela chegava, a festa parava, alguns corriam para cumprimentá-la, e também ao seu marido, Oriscalmo. Outros saíam disfarçadamente em direção ao banheiro — seu perfume era demais.

Cada dia que passava era mais forte sua presença, à custa de água de cheiro ou lavanda francesa. Não sabíamos se a festa era num frigorífico ou campo aberto no polo norte, pois era espirro e tosse seca nos quatro cantos do salão. Prindela havia perdido o olfato.

— Ah! O Excelentíssimo Sr. Dr. Comendador Paulo Zabeu, o pesquisador das facetas humanas? — *abordou-me, sem receio.*

— Bem, sou Paulo Zabeu, muito prazer! Agora, os predicados ficam pela conta de quem conta...

— Gostaria que o senhor me falasse sobre a vaidade humana.

A arrogância dela era tanta, que não precisava de muito esforço para perceber a fragilidade de Prindela.

— Senhora Prindela, a vaidade humana não chega a ser um defeito, se quem a possui a utiliza com humildade e bom senso.

Prindela não gostou, afastou-se intempestivamente; deixou-me falando sozinho, e sumiu na multidão. Oriscalmo, seu esposo, que observava tudo, veio ao meu encontro:

— Desculpe-me, Dr. Paulo, essa perua não dá sossego para ninguém — *Oriscalmo não poupou.*

— Esqueça isso; ela, de maneira alguma, me incomodou — *disse eu, despoluindo o local com as mãos, em forma de leque. Era demais...*

— Eu sei. Mas ela é um pé no saco. — *E começou a vomitar suas incomodações.* — Essa pentelha fica três horas na banheira e mistura, além de cremes e sabonetes, de três a cinco tipos de perfumes e óleos. Incensos e velas fazem, de nosso banheiro, um laboratório experimental. E o pior: os cremes de beleza que ela passa pelo corpo a transformam na estátua preferida dos gregos. É gesso por fora e mármore por dentro. Ao deitar, agrega, à máscara facial, um pepino por dia; sem contar as geleias de morango alegando serem afrodisíacas. Diz ela: "um beijinho, meu amor". Porém, nada acontece, dizendo-se cansada do dia que acabou. Ela passa o dia todo no telefone, garimpando dados como gravador sem stop. — *Eu não perguntei nada, mas ele continuou.* — Sabe, Dr. Paulo, há vinte anos tento convencê-la de que as pelancas vão cair, que o sutiã não vai aumentar, apesar de três operações plásticas. Já colocou *e tirou silicone tantas vezes, que nem ela mais sabe o tamanho original. É moda, lá em casa, diariamente, empregados trocarem de perucas, servindo de modelo e desfilando pela casa toda, para que ela escolha a que vai usar à noite. E se transforma numa onça quando não tem para onde ir! E o pior: estou cansado, a diretoria do banco está em extinção e tenho que acompanhá-la para evitar confusão. Não consigo compreender onde encontra tanta energia para se manter na posição.*

— Por que você não vira a mesa? — perguntei, curioso.

— E onde vou comer? Meus filhos estão no exterior, o banco em transição... Não tenho solução... É aguentar quieto até o fim da vida.

Prindela se aproximou e, num tom para todo mundo ouvir:

— Até que enfim encontrei meu queijo provolone, meu docinho de caju, meu amor, minha alma gêmea, aquele sem o qual sou apenas metade. Vamos, vamos, meu benzinho, hoje quero prepará-lo para o manjar dos deuses.

E saíram abraçadinhos, como se fossem eternos enamorados. Oriscalmo não deu um piu.

A pergunta é: como Oriscalmo deixou que a situação chegasse a tal ponto? Como Prindela perdeu o bonde? Esqueceram-se de reinventar-se. Não perceberam que, por serem ricos, não tinham o direito de envelhecer. Envelhecer não é na pele, mas sim na alma, no espírito, no coração. Ninguém tem o direito de envelhecer. O sol nasce todos os dias, as estações vão e vêm. As flores renascem... nós estamos o que estamos porque não assumimos o que somos. Vamos analisar o casal:

1. Prindela continuou imatura, não assumiu a idade, não aceitou o tempo. Ao invés de expandir para dentro, tentou impedir que a natureza fizesse seu papel, amolecendo a sua beleza de fora, porém consolidando suas virtudes de dentro.

2. Oriscalmo, omisso, nunca teve coragem de dizer o que precisava à sua mulher, nunca tomou um lanche fora de casa. Não se reinventou no trabalho, achou que o dinheiro faria seu papel de ação

transformadora. Era nítido seu sofrimento a caminho da depressão, pela falta de mudanças e pelo medo de perder o emprego.

3. Esconderam embaixo do tapete todas as mentiras e verdades que ambos deveriam conhecer e dizer para o outro. O tempo passa, o espírito continua, mas o corpo perece.

4. O excesso de vaidade, repito, o excesso de vaidade de Prindela a fez cega da razão, inibiu seus sentidos olfativos. E o mesmo aconteceu com Oriscalmo, que viveu preocupado com a beleza da esposa que, hoje, condena: esqueceu de trocar a gravata que, pelas listras amareladas, apontavam para a década de 1960, por pura falta de observação.

5. Oriscalmo, que hoje bisbilhota a esposa, esqueceu-se de que ele a usou para encobrir sua incompetência, por falta de reinvenção, durante toda a vida. Ele jamais foi ele mesmo. Sempre foi e viveu à sombra da própria esposa.

Reinvenção é tudo que vem de dentro para fora, renovando o espírito, e jamais coisas externas, como, por exemplo, roupa bonita. O modo como nos vestimos é apenas reflexo do que vem de dentro. Vestir-se bem não é marca, mas sim bom gosto; não é preço, mas harmonia.

Reinventar-se é buscar qualidade de vida, que muitos confundem com criar vaca no sítio. Isso é para quem entende de vaca e de sítio. Qualidade de vida é reinventar-se na alma e, como reflexo, ser feliz, estar bem consigo mesmo. Fazer o que tem que ser feito, onde tem que ser feito, bem feito e, como troféu, conquistar a consciência tranquila de ter feito o melhor de si para o bem do todo. Qualidade de vida você não precisa buscar no campo, é só acabar com a ansiedade, a angústia e a depressão, onde você tiver que viver ou estar; mas é coisa que só a reinvenção pode trazer. Ferramentas? Os 5 Movimentos do Autoconhecimento: observar, refletir, tomar atitude, agir e saber esperar. Reflita sobre isso.

Dicas para a reinvenção:

- desbloqueie-se e tenha iniciativa de conhecer o novo;
- observe suas coisas, casa, empresa e renove tudo, planejadamente;
- tenha uma vida produtiva; mova-se, atualize-se, conheça;
- simplifique tudo, mas tudo mesmo;
- investimento 100, gasto zero, em tudo: tempo, espaço;
- acabe com a bisbilhotagem;
- leia, vá ao cinema, teatro, visite museus, mas, principalmente, jogue fora suas rugas internas;
- crie e desenvolva, você mesmo, seus utensílios;
- jogue fora o que não presta, dê tudo o que não serve;
- ensaie um sorriso sincero, mesmo que seja para você mesmo;
- comece já, agora.

LEMBRE-SE:

gasto é todo o centavo ou segundo que você desperdiça naquilo que não precisa, a curto, médio ou longo prazo. Investimento é tudo que você aplica no tempo ou no espaço e que constrói, a curto, médio ou longo prazo.

RESUMINDO:

- reinvenção não é um momento mágico e inesperado de transformação, mas sim movimentos externos simples, tomadas permanentes de atitudes de crescimento e autossuperação, em cada acontecimento das 24 horas do dia. É superar-se, transpor-se, vencer limites de compreensão, dificuldades, mágoas de si mesmo e dos outros;
- reinvenção deve começar ao tocarmos uma xícara de chá, ou penteando os próprios cabelos. É entender o seu Universo de Conflitos e Soluções, armazenar novos dados, maneiras, costumes, reconhecer seus próprios erros e descobrir novos valores, globalizando assim nossa felicidade de ser livres. É saber ouvir mais e falar menos, mergulhando na impessoalidade, olhando-se, analisando-se de dentro para dentro e expandindo de dentro para fora, em luz natural, por força da alma;

- reinvenção é identificar, através da impessoalidade, suas tendências mais íntimas, e jamais ocultá-las ou escondê-las (ou, ainda, fazer de conta que não existem). Deve-se, sim, trabalhá-las, adequá-las à realidade do meio em que você vive. Seu Universo de Conflitos e Soluções é o seu mundo real, pois é o mundo que você criou e desenvolveu por dentro, e não o mundo em que você está pelo lado das aparências, do lado de fora;
- reinvenção é administrar nosso Universo de Conflitos e Soluções. É ser o escultor mais sábio que já existiu. Reinvente-se e seja livre no seu próprio universo. Sempre haverá conflitos, mas sempre haverá soluções. A dificuldade está em aceitar a realidade dos fatos; em aceitar mesmo as soluções indesejáveis;
- aja, porque quase sempre o perder aparente, o recuar e o saber esperar são só um momento de pausa que você precisa em sua vida. Depois que você sentiu a dor da decisão voluntária, mas refletida, existe, dentro de nós, a força interna, que vem em nosso socorro. E uma grande sensação de paz e harmonia vem restabelecer a nossa paz de dever cumprido. Não existe outra maneira de se reinventar, senão a de você mesmo construir, todo dia, a toda hora, a sua própria obra, na pedra bruta chamada "eu";
- reinventar-se não significa seguir modas, mas sim aprender com elas e selecionar o que nos serve e o que não serve. "Modernizar-se" é bom e aconselhável, mas daí a viver escravo de modas é um exagero;
- reinventar-se é recriar-se, utilizando a reflexão como chave de contato, na ignição interna.

Reinvente-se já e pode começar a projetar um novo futuro, um novo destino que você mesmo vai construir. Não tenha medo. Enfrente a indecisão. Você já sabe o que tem que fazer. Então faça.

É agora ou agora...

Renovados por dentro, agora é a hora do realinhamento de nossas ações, por fora, através do foco: o terceiro elemento do fator produtivo.

Foco

É concentrar-me, de forma integral, no ponto principal da nossa atenção.

O foco deve ser a bússola de nossa existência; é corpo, mente e Ogos (espírito) apontados para o alvo. Com ele, posso descobrir o que eu sou, o que quero e como conseguir. Ele é o nosso alfabeto cotidiano, a nos ensinar a ler e escrever a história de nossa vida.

O ser humano difere dos animais porque pode sonhar, criar, modificar, mudar de ritmo, ampliar, reduzir, mas em especial pela faculdade de refletir e decidir internamente: o que fazer, como fazer, agir no seu ideal, lutar por ele e dar tempo ao tempo para ver os frutos de seu suor e do seu trabalho realizado. Entretanto, sem foco não se chega a lugar nenhum e, se chegar lá, não sentirá autorrealização, pois o desgaste é tão grande que o prazer e a felicidade dissolvem no ar. Portanto:

1. nosso foco precisa ser desenvolvido em cima de um ideal, ponto macro de nossa vida, que vem de dentro da alma. Se você ainda não descobriu, observe para onde a sua vida está te conduzindo;

2. esse ideal tem que ser de longo prazo, e não em curto ou médio prazo. Não estamos falando de objetivos, mas daquilo que você deseja construir, ou da pessoa que você imagina ser quando os cabelos brancos, os que sobrarem, baterem à sua porta, preparando-o para outras... Os focos de curto e médio prazo devem ser sempre para se chegar ao de longo prazo. A vida é uma grande linguiça, feita de gomos; cada gomo é uma etapa e, com foco, ela fica mais apimentada, saborosa;

3. temos que estar prontos para perder e ganhar todo tempo, pois temos que aprender e consolidar nossos caminhos, tudo saneado, transparente ou equacionado, e depois desfrutar (ser um verdadeiro empreendedor);

4. é essencial incluir, no meio do caminho, planejadamente, reciclagem, férias, tempo com a família, visitas a instituições, participação

comunitária, voluntariando-nos em algum projeto, tudo com disciplina e ritmo, pois elas serão as âncoras para cumprirmos nossas metas e fases e chegar ao nosso ideal, o macroprojeto de vida;

5. temos que desenvolver nossas principais faculdades: observar, refletir, tomar atitude, agir e saber esperar; conquistar os três princípios: iniciativa própria, senso crítico e criatividade, para facilitar.

Então, ideal é o ponto final, é o alvo máximo da nossa existência. Aquilo que soa dentro de mim, como uma flauta estimulada; ou como um sino, batendo o tempo todo, pedindo-me ação. É como um eco, ressoando minha própria voz dentro de mim mesmo.

O ideal é sempre nobre e para o bem. É o construtor de almas e de homens. De onde vem isso? É um chamado interior da força interna, como resultado do reservatório de conhecimento armazenado, de tudo o que absorvi. Foco é o que manterá você no caminho de chegada, através da determinação. Sacô?

RESUMINDO:
ninguém nasceu para ser "ninguém". Todos, com o passar do tempo, podem e devem descobrir ou definir seu ideal. Viver para aquilo e viver aquilo, para alcançar sua autorrealização. Senão... a frustração poderá bater à nossa porta. Não importa se vamos ou não vamos conseguir chegar no final. O que realmente importa é ter expandido, encontrado a autorrealização e, espiritualmente, ter uma vida sustentável, em paz com nós mesmos, pelo dever cumprido, aconteça o que acontecer.

Já dissemos que, a cada minuto, nosso destino está sendo feito porque, querendo ou não, nossas ações terão um resultado. Quando não temos foco determinado, sem consciência de onde queremos chegar, nossa vida fica sem rumo, sem bússola; pois, sem foco, estamos sujeitos, muitas vezes, a copiar ações alheias, imitando-lhes os resultados. Não serei feliz, não serei completo e terei que me ajustar ao meio que me foi dado, simplesmente porque eu não assumi a minha própria vida, como queria que ela fosse. Meus sonhos "vão pro saco" e aquilo que eu poderia fazer bem feito e feliz, acabo fazendo mal e porcamente e, ainda, infeliz, porque simplesmente acomodei-me naquilo que não devia. Deixei de fazer de forma planejada, para viver sem rumo, sem metas, sem ideal e ao acaso do dia seguinte. Omiti-me, quando deveria ter agido e agi, quando deveria ter ficado quieto.

Um dia após o outro, sem rédeas, sem a minha devida atenção para que meu destino fosse construído sob a minha supervisão, sob meu olho clínico. Produzir mais e muito mais e de forma planejada; essa é nossa finalidade maior. Deixei escapar oportunidades únicas, nesta vida, de crescer, de me expandir de forma consciente. Tornei-me vítima de mim mesmo por minha única e exclusiva vontade mal direcionada. E os eventos que não dependem de mim e acontecem em minha vida? Administram-se, contornam-se, aprende-se com eles, sem perder o foco principal, determinado por mim mesmo.

Agora, para refrigerar nossa atenção, vou apresentar-lhes a surpresa inesperada de reinvenção plena:

Minha professora Irene

Irene entrou, em minha sala, atordoada. Seus olhos esbugalhados pareciam lanternas vermelhas, em plena escuridão. Abatida, trazia cabelos desgrenhados, que mais pareciam um milharal após os efeitos de um tornado. As mãos buscavam apoio sobre a minha mesa, como querendo pegar farinha de trigo em suspensão. Irene era minha cliente há dez anos.

— Pode entrar, Irene, a casa é sua.

— Dr. Paulo, o mundo desabou sobre mim, minha vida acabou, acabou...

— Bem, então o que eu tenho na minha frente é um fantasma ou extraterrestre? — tentei, gentilmente, acalmá-la.

— Vinte anos jogados fora. Vinte anos de dedicação exclusiva e tudo em vão... Meu Deus, tudo poderia acontecer, menos isto. —

Irene era sargentona, mandava e desmandava em tudo: marido, filhos, cachorro...

— Sente-se, Irene, vou pedir um chá.

— Chá para quê? Renato me deixou. Arrumou as malas, foi embora e tenho certeza de que aquela azedinha da Crustácia está metida nisso. Eu vou acabar com ela!

— Parabéns, Irene, finalmente você conseguiu: o Renato se livrou de você! — tentei suavizar, mas Irene não se abriu.

— O quê?! Você sabe o quanto eu o amava — Irene não me poupou.

— É verdade, Irene, mas o quanto ele te amava?

— Não importa, o que importa é a minha felicidade de estar com ele, de ser feliz ao lado dele.

— Você está me dizendo que casamento e felicidade conjugal são unilaterais? É isso?

— A vida é muito curta, Dr. Paulo, e temos que desfrutar dela o máximo que pudermos.

— Bem, Irene, esta vida é curta, mas seus efeitos são eternos. Mas, Irene, diga-me, por que você acha que o Renato a deixou?

— Por causa daquela azedinha da Crustácia. Ela é mais pomposa e, com certeza, é mais gostosa do que eu.

Naquele momento, minha observação conduziu-me ao perfume de Irene. Suas joias, seu vestido de renda, seu penteado laqueado, cheio de ninhos de sabiá, unhas descuidadas e seu odor não eram nada agradáveis... Parei, recostei-me na cadeira e meu indicador e polegar naturalmente foram de encontro à minha fronte. Meus olhos se curvaram para baixo, buscando uma solução. Refletia em como lhe falar sobre a reinvenção, quando Irene arrematou aos berros:

— Só não faço uma besteira por causa da Fininha. Quem vai alimentá-la?

Fininha era a cadela de Irene. Os filhos adolescentes de treze e de quinze anos de idade não eram, nem por um segundo, a preocupação de Irene. Fui buscar, no fundo de minha alma, uma solução adequada para Irene. Mas ela estava tão longe de si mesma, mergulhada somente em seu Universo de Conflitos, que temi questionar. Mas criei coragem, mudei de direção e...

— Irene, você sabe o que é foco?

— O quê? Foco? É de comer? — Irene realmente estava fora de si.

— Focar é direcionar toda nossa atenção para um só ponto; e de maneira refletida, planejando nossas ações — falei, constrangido.

— Não estou entendendo nada deste papo furado. Só sei que estou sem chão, não sei o que fazer e não sei para onde ir.

— Irene, você precisa rever o seu foco.

— Meu foco é o Renato e acabou!

— Não, Irene, você está fixada no Renato, jamais focada.

— Qual a diferença, ora bolas? — Irene continuava irascível e agressiva.

— Irene, fixação é objetivo sem reflexão, sem planejamento, sem um plano de ação ou roteiro de atividade, ritmo. Foco é você estar decidida a chegar a um determinado ideal, com disposição de avançar e recuar; perder, ganhar; aprender e ensinar. É ter o senso crítico como aula permanente. É chegar ao macroprojeto, através de metas, objetivos, ou seja, focos de curto prazo.

— Mas o que eu faço com Renato e aquela pulguinha da Crustácia?

— No momento, você nada pode fazer. Você está pisando em areia movediça. Cada movimento seu é rumo à tempestade de areia.

— Ora, Dr. Paulo, eu quero desforra...

— Bom, nesse caso, leve com você meus sinceros pêsames, pois, como você está, é letra morta. Ninguém vai lê-la. Vá para casa, reflita. Lembre-se: a vida é como cavalo cego, sempre dá coice onde cutucam com a espora.

— Quer dizer que eu perco e ainda eu sou a espora? É isso?

— É isso, Irene, é isso...

Irene saiu do escritório blasfemando, soltando fogo pela boca, mas a vida é assim: "não se dá, para burro velho, rapadura com papel". Três meses se passaram. O telefone tocou. Era Irene.

— Dr. Paulo, fale mais sobre focação.

— Bom dia, Irene, que bom que você ligou. Já não esperava mais ver você. Focar é simplesmente dirigir sua força de vontade de forma determinada para um propósito ou direção. É simples. Descubra um ideal para sua vida e trabalhe por ele sem trégua.

Quase sussurrando, Irene, soluçando e com voz de cansada, disse:

— Dr. Paulo, o que eu faço sem o Renato?

— Irene, você precisa realocar sua atenção para outra direção. Qual a coisa que você mais gosta ou gostaria de fazer?

— Voltar com Renato...

— Neste caso, não posso te ajudar. Mexer com mulher ou marido dos outros é como assaltar um banco: é só esperar que o tiro vem. Tô fora, mas se você quiser recomeçar e refocar sua vida...

— A coisa que mais gosto, depois do Renato, é ensinar pintura e alfabetizar criança.

Irene já estava bem mais calma. É assim: "tempestade e dor de barriga é só esperar que passa".

— Irene, por que você não adota, semanalmente, a educação de um jovem na nossa comunidade?

— Por quê? — perguntou-me, secamente.

— Vai te dar chão — respondi. — Estamos em começo de ano. Comprometa-se a cuidar somente de um jovem, nada mais. Vencendo seus limites, você vai dedicar três dias por semana a cuidados higiênicos, arte, alfabetização, diversão, preparar aulas, consultar bibliotecas, melhorar seu visual, reinventando-se, ou seja, refocando sua vida. E...

— Como assim, melhorar meu visual?

— Tudo muda e sempre há o que melhorar, Irene. Vá a uma boutique.

— Já entendi... — disse-me, ligeiramente contrariada.

Assim, Irene retomou, novamente, sua vida. Desapareceu por um bom tempo e, após três anos, acreditem, aquilo que parecia impossível tornou-se realidade. Ela começou caindo e levantando, errando e acertando sozinha. Irene tornou-se uma senhora respeitada, disciplinada, e tudo com ela tem começo, meio e fim.

Obstinada como ninguém, é responsável pela direção voluntária de uma escola de pintura e dança para jovens da comunidade. Com 45 anos de idade, parece que tem trinta anos, remoçada, simpática, decidida, e um exemplo de amor e serenidade. Como Irene, tão rebelde, inconsistente, insegura, revoltada, sem esperança e fixada em um objetivo, que era o Renato, pôde dar a volta por cima, e tão rápido? Como ela conseguiu tamanha façanha? Perguntei a ela:

— Irene, o que você fez para dar tamanho salto?

— Esgotei as lágrimas que tinha, e não só de tristeza, mas de boas recordações com Renato. Só que refleti dias e noites em como mudar meu destino. Revi os valores da vida e descobri que nossa vida não pode depender de ninguém. Que eu fui a principal causadora da desgraça da minha vida conjugal. Atitudes impulsivas ou omissas fizeram-me perder o controle de mim mesma; sufoquei Renato e meus filhos Marinalva e Pirses. Minha arrogância desmedida se aliou à Fininha, cadela pompuda que não podia reclamar da minha ignorância, não questionava meus excessos e não fazia questão das minhas implicâncias. Fiel pra cachorro, Fininha só chorava para comer e limpar o seu cocô, o que eu fazia como mãe zelosa. Dr. Paulo, olhando, hoje, como Renato aguentou tanto tempo? Nem eu já me aguentava mais! Tanta incoerência e descuido. Se Renato continuasse comigo, eu teria perdido uma vida de aprendizado, pois jamais teria refletido, conhecido a mim mesma e conquistado a serenidade tão necessária para a felicidade humana.

— E o Renato, o que sobrou dele? — perguntei, curioso.

— Aprendi com o Renato que tudo tem limite, até o amor a dois pode acabar. Renato e eu éramos uma família perfeita, mas nada está seguro, nem mesmo o amor, se não nos reinventarmos todos os dias.

— Fale mais sobre isso, Irene.

— Sabe o que eu aprendi, Dr. Paulo? Que a vida é uma reinvenção plena, que o nascimento de um filho é para nos reinventar, pois temos que crescer no cuidado, amor e carinho. No casamento não somos mais sozinhos, mas sim dois. Então, nos exige observações e reflexão o tempo todo. A juventude, a maturidade, a velhice são pura reinvenção da vida, que temos que aceitar, crescer e acompanhar. E muitas vezes nós estamos com a cabeça na Idade da Pedra. Nosso comportamento nos faz lembrar o convívio na caverna; eu e você, você e eu. A gente se esquece de se reinventar, como a própria natureza o faz. É tudo muito simples, só que nós não queremos mudar. É melhor sofrer e chorar.

— Mas o que a fez assumir esta nova postura?

— Bem, Dr. Paulo, no início foi um inferno astral. Nada mais tinha sabor, perdi toda a vontade de viver, não me restou mais nada e, por falta de opção, adquiri a coragem de mergulhar em mim mesmo, uma imersão solitária. Acordei comigo mesma de nunca mais aceitar mentiras, autocorrupção. Poderia perder tudo, menos a minha dignidade. Com imparcialidade, revi minha vida, infância, casamento, nascimento dos meus filhos, tudo que tive, momentos bons e momentos ruins. Encarei com realismo absoluto meu oceano de conflitos

Sem perceber, Irene foi mais fundo que a simples reflexão, para encarar a si mesma. Ao perder o medo de encarar, com decisão, seu Universo de Conflitos, ela mergulhou, na verdade, na impessoalidade.

— Quanto tempo isso durou?

— Não sei ao certo, Dr. Paulo; entretanto, quando assumi, comigo mesma, uma postura de impessoalidade, aconteceu uma explosão interna; minha memória expandiu, minhas lembranças tiraram o véu da superficialidade e caí na real. Mas a fonte de tudo foi ter encarado que havia sido culpada de meu estado interno e não aceitaria mais tal condição. Descobri que não adiantaria ir e vir, ser e não ser, sem antes resolver comigo as minhas próprias diferenças. Como por encanto, nasceram, em mim, momentos de paz, consolo e esperança. Foquei minha nova vida num renascimento e me conscientizei de que toda noite morremos e, no dia seguinte, renascemos. E eu também teria a chance de ser um novo ser a cada dia. Assim, meu foco foi reeducar minhas emoções e não *ser enganada pela minha mente, criando novas ilusões. Adotei uma criança carente, dando a ela minha atenção, e meu potencial se expandiu, minhas noites se acalmaram, meus dias passaram a ter outro sentido. Aquilo me deu chão! Chão, Dr. Paulo, as pessoas precisam de chão. Ampliei para duas, depois três, e aí estão dezenas de crianças que me dão chão. Mudei. Minha felicidade consiste em dar a elas o sabor de amizade, admiração e respeito. As pessoas não precisam chegar aonde eu cheguei para mudar. Elas podem mudar de maneira suave, no dia a dia. É só não criar ilusões, mentiras que só os outros acreditarão; jamais nossas próprias consciências. Os outros fingem que acreditam em nossas ilusões e, pelos outros fingirem acreditarem nelas, nós também queremos acreditar. Dr. Paulo, é um engano puramente infantil. Ninguém acreditou, nem mesmo nós; só que já ultrapassamos nossos limites e a loucura é coisa certa.*

O fato é que, enquanto Irene falava de boca cheia, emanava dela um perfume de calma; uma essência de pureza, um hálito de amor e sensibilidade precisa de sua sabedoria de vida.

Irene mudou sua vida, deixando de ser fixada em seu ex-marido que, aliás, tentou reatar com ela. Mas ela não o aceitou mais, e focou, de forma linear, em seu ideal de vida.

Sua escola de amparo aos menores, hoje, abriga dezenas de adolescentes que a chamam de mãe Irene.

Como Irene, quantos de nós vivemos com fixação, ou seja, alvo sem finalidade construtiva, sem espírito educativo ou exemplar para si e para os outros? Fixação é ter teimosia para alcançar objetivos egoístas. Para isso, são utilizadas as seguintes ferramentas: cobiça, deslealdade, inveja, poder desmesurado, conchavo, raiva, impulsividade, dominação, tirania, autocracia, boatos, intrigas etc.

Para entender melhor, vamos a um comparativo entre foco e fixação:

A FIXAÇÃO	O FOCO
1. É autodestrutiva	1. É autocriativo
2. É sem futuro	2. É eterno
3. É solitária	3. É participativo
4. É constrangedora	4. É libertador
5. Tem, como fonte, a demonstração	5. É sempre discreto
6. Limita o poder de visão	6. Expande a percepção
7. Quase sempre oculta	7. É sempre transparente
8. Traz a divisão	8. Traz sempre a união
9. Aprisiona	9. Liberta
10. Não existe senso crítico	10. Poder de análise aguçado
11. Falta criatividade	11. Autossuperação o tempo todo

Agora, onde está o fator extraordinário, na história de Irene? Descobri, com ela, uma capacidade ilimitada de superação, nos seres humanos. Cada ser humano é individual e uma caixinha de surpresas, cujo conteúdo nem ele mesmo conhece. E só descobre na exata proporção de superar limites e dificuldades; à medida que se reinventa.

É impressionante a capacidade humana de superar problemas. Confesso que não esperava tanto, mas Irene, aparentemente sem recursos, tinha, dentro de si, um oceano de água pura (seu Universo de Soluções), encoberto pelo óleo (seu Universo de Conflitos). Em outras palavras: ela tinha à sua disposição um Universo de Soluções muito maior que o Universo de Conflitos e não sabia. A propósito, Irene já socorreu Renato em diversas ocasiões, ajudando-o a livrar-se de diversos tipos de problemas aparentemente sem solução.

Com a história de Irene, acredito que já temos mais elementos para entender o foco. Então, vamos nos aprofundar um pouco mais, pois este fator produtivo é determinante para a construção do nosso destino.

Todo foco, para ser chamado de foco, tem que ser construído para cumprir metas e alcançar o nosso ideal de vida, senão fica só no objetivo, que é nosso anseio ou desejo a curto prazo, de sobrevivência. Todo foco tem que vir do fundo da alma. Ele está na essência e no espírito, e deve ser manifestado com consciência e lucidez.

Por essa razão, apenas poderei dizer que tenho foco, ou seja, viver determinado em direção ao meu ideal, quando eu desenvolver:

DIREÇÃO *é o sentido que desejo dar para alcançar meu ideal, meu alvo final de vida.* É a escolha consciente do meu norte, e de quais caminhos desejo seguir. É a minha bússola.

PLANEJAMENTO *é organizar, no tempo e no espaço, todas as ações diretivas de um processo administrativo, pessoal, familiar ou empresarial.* É alocar todos os meus recursos logísticos e financeiros para desenhar o projeto, suas etapas e fases, computando possíveis imprevistos e alternativas, elaborando o plano de ação para viabilizar a sua conclusão. É como pretendo "chegar lá". Por exemplo: de canoa ou de navio? Bicicleta ou caminhão? Quais serão os portos ou postos em que precisarei parar, para não ficar sem combustível no meio do caminho e alcançar o meu destino? Quais serão meus recursos iniciais? O que já tenho comigo, para agregar? São os "comos" do percurso e as fases do projeto.

PRIORIZAÇÃO *é a escala de importância para os dias, meses, anos na realização de nosso ideal.* É selecionar cada ponto de conflito e encontrar soluções dentro do tempo e do espaço, em harmonia absoluta.

CONCENTRAÇÃO *é a capacidade produtiva de direcionar, organizadamente, as energias somadas e unificadas, para diversas necessidades ou tarefas, aumentando nossa capacidade produtiva com eficácia, ou seja, fazer diversas coisas ao mesmo tempo, de forma simples e bem feita.* O exercício e o tempo desenvolvem esta habilidade. É mergulhar no meu Universo de Soluções, e nele ater-me e expandir-me. É ter começo, meio e fim continuamente, simplificando tudo. É um mecanismo para manter o foco. Quem não tem concentração vive, constantemente, no universo dos conflitos.

RITMO *é o movimento e a pausa para nossas ações planejadas.* Em música, existem diversos ritmos e compassos, como samba, valsa, techno, rock. Cada um de nós se adapta melhor a um deles, porque ele se encaixa em nosso ritmo interno, atendendo a uma necessidade natural, só nossa. Assim, também o ritmo para alcançar nosso ideal não deve ir muito além de nosso ritmo interno, nem muito devagar. O aumento do nosso ritmo deve ser gradual, contínuo e permanente. Portanto, encontre seu próprio ritmo, observando, refletindo, retomando, eliminando e agregando, que a natureza fará o resto. É como dançar no compasso da música. Descubra, através da observação e da reflexão, o seu ritmo, e se adapte a ele.

ÂNCORA *são recursos, apoios que agregarão os valores ao meu foco.* Ninguém nasce sem âncora. A própria vida, por si só, e a força de vontade já constituem duas ótimas âncoras que se desenvolverão e desencadearão as outras âncoras de apoio. Essas âncoras de apoio podem ser filhos, esposa, pais ou, ainda, pessoas importantes para o projeto idealizado. Dinheiro, bens de capital, mas, principalmente, todo o seu potencial e vigor; suas habilidades e competências fazem parte da âncora.

Refletindo sobre o foco, identifiquei que podemos dividi-lo em dois tipos: linear e multidirecional.

FOCO LINEAR é concentrar toda nossa atenção numa só direção, para uma necessidade externa a curto e médio prazo.

É direcionar nossa atenção, com a finalidade de educar a nossa concentração, dedicando-se a cada degrau de nossa escada, até chegarmos à sala principal de nossa vida: o nosso ideal. Usaremos, para isso, a nossa força de vontade. É o começo de tudo. É realinhar a nossa vida, com começo, meio e fim. É o primeiro estágio para adquirirmos disciplina, ordem, continuidade, planejamento. Com disciplina, vamos saneando e crescendo para fora e, naturalmente, realinhando-nos por dentro. Pode e deve ser praticado com reflexão e decisão interna. As ferramentas são o observar, o refletir, o tomar atitude, o agir e o saber esperar. Sua área de ação é a realização de projetos ou situações de emergência, ocorrendo ao mesmo tempo, e exige de nós vários pontos de atenção. Poderemos verificar que o foco linear exige etapas, reavaliações, adaptações, recursos materiais, bem como ações ou movimentos simultâneos etc. É tudo aquilo que pode ser materializado pelos cinco sentidos comuns, visíveis a todos, como: focos de epidemia, ou focos de incêndio em uma cidade, e assim por diante. O foco linear naturalmente vai consolidando outro foco, e mais outro, e assim sucessivamente. Ele é um exercício de guerra para expandirmos o foco multidirecional.

FOCO MULTIDIRECIONAL é mergulhar em si mesmo e, de forma determinada, edificar-se de dentro para dentro, materializando o nosso verdadeiro ideal.

É o foco definitivo que, mais cedo ou mais tarde, teremos que conquistar. É o mais difícil, pois é invisível, permanente, de dentro para dentro; ninguém vê, mas todos pressentem. É o foco espiritual, o da autoiluminação; é o burilamento interior. O resto é mera consequência. É o "eu comigo mesmo". É quando minha atenção vai muito além do visível e, ao invés de crescer para fora, expande para dentro. Ele deve ser o foco definitivo, *ad eternus*. E por que este é o foco definitivo? Porque, simplesmente, quando eu trabalhar nesse foco, conquistarei a autorrealização, pois nada sairá do meu controle interno. Minha serenidade será permanente. É como se esse foco fosse o sol, e os outros focos, apenas planetas. Tal qual um sistema solar, todas as peças estariam em harmonia, como em uma sinfonia de amor.

O foco multidirecional é incondicional, ilimitado, com visão de futuro, cujo sentido é de expansão de si mesmo para o todo. Ele deve ser praticado 24 horas por dia, desenvolvendo as habilidades de observar, refletir, tomar atitude, agir e saber esperar; tudo de forma simultânea, com a finalidade de comandar a mente, controlar as emoções e ter assertividade nas ações. Tudo isso de forma natural, aproveitando os fatos que a vida nos oferece. É potencializar os meus sentidos, buscando equilíbrio entre os pontos. Resumindo: é buscar a sabedoria de viver.

Foco linear são as ações visíveis, para fora; todos podem ver: cuidar da saúde, da profissão, criar filhos, fazer cursos, queimando as etapas com planejamento e disciplina.

Na verdade, os dois focos desenvolvem-se simultaneamente. Devemos construir nosso foco multidirecional sem perder de vista nosso foco linear, ou seja, planejar meu ideal, sem esquecer o dia a dia, o arroz com feijão. Devo colocar neles toda minha capacidade de realização e determinação.

O importante é salientar que tudo na vida deve partir do menor para o maior; do simples para o complexo. Todos os grandes exemplos ou grandes descobertas foram acontecendo de forma natural e sem exageros. Do pequeno para o grande.

Irene deve ser um exemplo para todos nós, porque seu exemplo é chão de vida, palpável, e é por onde todos nós devemos começar, sempre que necessário.

A vida está confusa? Reflita, reorganize e direcione seu foco, planeje as metas e as fases, estabelecendo prazos, estações de avaliações, descanso e pausa. De forma determinada, retome disciplinadamente, avance e recue, aprendendo sempre. Jamais confunda, como Irene o fez no início, fixação com foco.

LEMBRE-SE:
a fixação é condicionada; é o abismo do egoísmo e da ingratidão comigo mesmo ou com os outros.

Mantendo o foco, você começará a sentir uma satisfação interna de dever cumprido, pois vai expandir sua força interna. Mantendo a sua "bússola" apontada para o comando de sua vida, você vai construir sua autorrealização. Qualquer que seja seu ideal para essa vida, o comando deverá ser sua principal lição de casa.

Vamos recapitular: através da impessoaldade, devemos fazer um balanço interno, com imparcialidade, entre nossas virtudes e não virtudes. A partir deste momento, tomamos consciência da nossa realidade interna, pois fomos até o fundo do poço e não temos outra alternativa a não ser reconstruir o novo ser que projetamos e queremos ser. O próximo passo é reinventar-nos, por fora e por dentro, modernizando e adaptando a nossa realidade à realidade do mundo. Pois bem, vimos também que, para nos reinventarmos, o foco é ferramenta essencial de trabalho, pois é ele que nos manterá no rumo estabelecido. E manter o foco nos exigirá vigilância 24 horas por dia.

RESUMINDO:
nosso foco interno (multidirecional) deverá ter sempre como princípio a conquista do comando da mente, do controle das emoções e da assertividade nas ações. Como finalidade, está o comando de nossa própria vida, pois esse é o grande e o maior de todos os desafios. Ele é eterno e você vai precisar dele para outras estações. Não deixe que nada nem ninguém remova você deste caminho. Lute, a cada segundo do seu dia, para não perder esta direção. Lembre-se: nossa atenção deve ser a constante vigilância no fator inútil. Foco é tudo.
Dispersão é nada.

Agora, vamos falar sobre um atalho para chegarmos ao nosso destino final...

Lembra-se que dissemos que a força do pensamento é mais rápida que um raio, e não há como inibi-la? Mas, com certeza, podemos redirecioná-la, pela nossa força do querer, transformando coisas antigas em coisas novas. A mente precisa de renovação. Para isso, descobrimos e identificamos a ação transformadora, uma forma de autoprojeção, que é a maneira de transformar as ideias destrutivas ou o fator inútil em pontos positivos, construindo uma ponte entre onde estamos e o que queremos e precisamos ser.

Então, com certeza, o caminho mais curto e sensato para mudar nosso destino é começarmos a exercitar o comando, usando o quarto elemento do fator produtivo: a ação transformadora, no campo das ideias.

Ação transformadora

É o movimento interno de superação dos nossos limites e condicionamentos, utilizando, para isso, a força de vontade direcionada. É quando eu transformo meus pensamentos e minhas ideias negativas em positivas. É quando removo os meus condicionamentos.

Como? O princípio é simples:

1. você tem que querer de verdade para acionar a força de vontade, o seu verdadeiro querer; a faísca da alma;
2. você precisa de um tempinho diário e disciplinado para exercitar;
3. precisa de paciência consigo mesmo para deixar o tempo fazer a parte dele: é saber esperar para sentir os resultados do seu trabalho;
4. acolha novos sentimentos elevados que chegam a você e desenvolva-os internamente. O sucesso é seguro. Não desista, pois os efeitos duradouros demoram mais para chegar.

Na ação transformadora, o saber esperar é um movimento fundamental. Acreditem ou não, os meus maiores exemplos desses movimentos foram desenvolvidos em meus momentos de maior aflição, desconforto e desenganos, nas situações pelas quais passei. É importante lembrar que você só supera os seus limites quando está em baixa, quando você está na pior, pois é ali que você os identifica, bem como suas fraquezas. E é aí que você tem que se superar.

Algumas dicas para a ação transformadora:

- aceite aquilo que não pode modificar, armazenando o sumo das lições;
- tire proveito dos maus momentos, encontrando pontos positivos, pois tudo neste mundo é lição de vida;
- acompanhe os acontecimentos em silêncio e total observação;

- encare suas dificuldades e você eliminará o medo;
- nunca pare de trabalhar e produzir. O dia seguinte é o túmulo do dia de hoje;
- avance, saia do lugar. Dê o primeiro passo e os outros virão, naturalmente;
- reinvente-se, pois as leis da natureza estão sempre a seu favor, sempre que você realmente quiser;
- transforme seu medo em coragem. A fonte de energia é a mesma, o seu querer é que faz a diferença. Você nunca, jamais está sozinho;
- aja o tempo todo em silêncio interno, absoluto, aguardando com serenidade o seu momento. Ele virá, é só esperar;
- os mínimos movimentos são importantes para você e para os outros. Uma ação, um pensamento, um movimento, podem ecoar na eternidade;
- nossos destinos dependem de pequenas ações, pensamentos e movimentos a favor do bem, do amor e da paz.

RESUMINDO:
devemos conduzir sempre nossos pensamentos para a direção acertada, mentalizando uma flor, um sol ou um sorriso de uma criança, sempre que os fatores inúteis, ou seja, o ócio, o apego, a bisbilhotagem, a omissão e a impulsividade, em qualquer de suas manifestações, assolarem nossa mente.

Vamos a um exercício prático:

Feche os olhos e mentalize alguém. Alguém que você ame ou alguém com quem você tenha algum tipo de problema. É importante você saber que mentalizar alguém que se ama é muito fácil, pois não existe a interferência da bisbilhotagem. Sugiro, então, que você faça o mais difícil: mentalize alguém que lhe traz incômodo ou qualquer outro sentimento que não agrega valores em sua vida, que lhe traga animosidade. Coloque-o em destaque em sua tela mental, direcionando um facho de luz dourada, rosa prateada que o envolve como se fosse um manto protetor. Escreva em sua tela mental: "eu amo você, vamos resolver nossos atritos, ser amigos e trabalhar juntos". Escreva as palavras: "Paz, união e sabedoria". Mantenha estas telas por cinco minutos. No início, devido às nossas emoções tumultuadas, nossa mente se recusará a aceitar, e será quase impossível. Nessa hora, a persistência e a determinação são os elementos mais importantes para o seu crescimento. Depois de algum tempo de prática, sua mente, que foi criada para ser sua comandada e não a sua comandante, obedecerá, como uma boa serva, e você verá como é maravilhoso descobrir sua capacidade de realização.

É assim que funciona: primeiro, pensamos; depois, refletimos; por último, mentalizamos. Todas as nossas vibrações, de um simples pensamento até uma mentalização, na mesma medida de nossa intenção de querer crescer, expandir e vencer nossos bloqueios, vão se tornar mais fortes e verdadeiras, materializadas internamente. E um esplendor de paz e serenidade invadirá nosso ser, nossa vida, trazendo luz e sabedoria. Só depende de nós.

Como?

1. Tomando consciência da nossa vida e da sua importância e significado na bolsa de valores universal.
2. Decidindo se queremos ou não continuar fazendo parte da constelação de estrelas da inutilidade, cujo brilho já se apagou no céu da teimosia e ainda insiste em permanecer no mundo da paz, que todos almejam, mas não trabalham para conquistar.
3. Assumindo, mesmo que devagar, o comando de nossa vida, e eliminando de vez a bisbilhotagem. Ela é como um camelo morto sendo arrastado pelo nosso dedo minguinho, numa tempestade de areia no deserto.

Ou não fazer nada e continuar vivendo num pasto de inconsciência e, como gado gordo, acabar no matadouro do fracasso humano.

LEMBRE-SE:
a ação transformadora é a sua força de vontade, revestida de amor, amparada pelo foco. É o seu real querer, envolvido de sentimentos de luz e sabedoria. É, ainda, sua força interna expandindo para o bem comum. A força de vontade é neutra e você a conduz para o bem ou mal, de forma positiva ou negativa. A ação transformadora é a sua postura interna modificada, a serviço de você mesmo. É a força de vontade iluminada, abrindo a porta para toda a sabedoria contida em você: sua força interna.

Dicas para exercitar a ação transformadora e eliminar o fator inútil:

- não falar mal de ninguém;
- eliminar a conversa fiada;
- tomar cafezinho só com vontade, e não sempre que oferecido;
- não aceitar nada que não te sirva;
- esvaziar o guarda-roupa, eliminando os excessos;
- responder assertivamente (objetivamente);
- evitar programas de TV vazios, que não constroem;
- não ouvir besteirol de rádio e televisão;
- comprar o estritamente necessário (faça de sua vida uma economia de guerra);
- fazer exercícios físicos moderados e sob a orientação de quem entende;
- parar de comer o que faz mal;
- construir um ideal de vida e focar-se nele.

Praticando a ação transformadora, você estará assumindo o comando de sua vida. Como?

1. Priorizando e resolvendo suas pendências.
2. Começando a falar na hora certa, para a pessoa certa, a coisa certa, da forma certa.

3. Desapegando-se daquilo de que você não precisa mais. Mente clara, limpa e desarmada.
4. Facilitando o caminho para o comando da mente, o controle das emoções e a assertividade nas ações.

A ação transformadora é uma postura interna de você para com você mesmo. É sair das suas próprias limitações e expandir. Só depende de você. Ninguém o fará em seu lugar. É hora de se encarar. Quer fazer o seu destino, você mesmo, ou não quer? Eis a questão.

O quinto e último fator produtivo é a autocredibilidade. Mas, antes, temos que falar sobre credibilidade e autoconfiança, que são posturas muito parecidas, podendo, porém, trazer resultados bem diferentes. Vamos falar primeiramente da credibilidade.

1. *Credibilidade é o resultado da ação coerente e da continuidade de nossas atitudes.* Ela é o eco exterior de confiança que as pessoas têm em nós; é a certeza que os outros têm, em nós, por aquilo que demonstramos (mas nem sempre por aquilo que somos). Pode ser um produto comprado pelo preço ou quantidade, e não pela qualidade. É um presente cujo pacote e enfeite fazem as honras da casa e pode ser que o conteúdo valha, ou não. A credibilidade é uma onda de otimismo em torno de alguém. Mas pode ser perdida com o tempo, se não houver continuidade, se não houver lastro, ou seja, se não existir, por trás dela, a autocredibilidade.

2. *Autoconfiança é o domínio que temos ou conquistamos por competência.* Pode ser adquirida através de estudos, pesquisas ou reflexões, para ser transmitida a outrem. É específica, situacional ou global, mas ainda é mental e, portanto, pode ser sufocada, equivocada; é mantida pelos estímulos externos, provindos de necessidades de todo o gênero. Por exemplo: "estudo, logo sei, logo posso: passar de ano, conseguir emprego, fazer viagens, casar, vender, comprar etc.". Está sujeita a vitórias para se manter e pode ter, como reflexo, a falsa boa autoestima. É a certeza que eu adquiro, edificada por informações, dados, estudos, através dos cinco sentidos: visão,

tato, olfato, audição, paladar. São conhecimentos adquiridos por sobrevivência que, por definição, dependem de estímulos externos. Pode ser manifestada por palavras bonitas, desenvoltura filosófica, altivez; e pode ser transmitida por oratória, conhecimento ou explanações de todos os tipos. É o político que convence seus eleitores pelo discurso decorado, que o tempo desfaz. Autoconfiança pode ser conseguida a curto prazo e pode ser absolutamente temporária, pois o que serve hoje pode não servir amanhã: "Pavão hoje, pena de tinteiro amanhã". Ela ainda pode ser realçada por pessoas magnéticas, carismáticas, portadoras de desenvoltura ensaiada.

As duas posturas se diferem muito da autocredibilidade.

Autocredibilidade

É a convicção plena em mim mesmo, que norteia as minhas ações, utilizando, para isso, a sensibilidade e a razão.

São os olhos da força interna.

Nela, a dignidade e a autoestima caminham juntas. Portanto, ela pode e deve ser conquistada por todos nós. Ela é uma virtude conquistada passo a passo: não se compra, não se vende, não se negocia. É aquela que sobrevive a tudo e a todos, edificada sobre experiências consolidadas. É filha da sabedoria, comprovadamente conquistada pelos exercícios de dias e anos, sempre voltada para a paz.

Ela é uma conquista eterna. Começa tudo do zero quantas vezes for necessário.

Ela se manifesta, no presente, alimentando-se da força interna, diante das contingências de sobrevivência e das diversas circunstâncias controvertidas da vida. Não tem tempo certo para se manifestar. Todas as pessoas podem desapertá-la ou construí-la a curto, médio ou longo prazo. Somos todos uma caixinha de segredos!

A autocredibilidade nem sempre é imediatamente reconhecida pelos outros. É a conquista lenta pelos anos de experiência, por quedas e erros anteriores, que formam um armazém de sabedoria que exala pelos poros, sem ser, necessariamente, pelo meu querer. Ela é espontânea, não depende dos estímulos externos. Muito pelo contrário, independe de tudo e de todos. Simplesmente é.

Ela é como aqueles ensinamentos que os pais já passaram para os filhos e tentam exemplificar o tempo todo e de forma natural, sem esforço. É global, humilde, admite que não sabe, quando não sabe; simplesmente ensina e isso vem da alma, do espírito. É sempre cheia de virtudes e habilidades, não tem pressa, compreendendo os que não entendem; espera por aqueles que não sabem; e está sempre junto, mesmo estando distante de todos.

A autocredibilidade é um canal permanente com sua força interna; mesmo com tudo ao contrário ou se apresentando desfavoravelmente, você continua em frente, pois sabe que, mais cedo ou mais tarde, seus movimentos serão imitados, suas palavras serão ouvidas.

O ser que já possui a autocredibilidade materializa sua força interna na forma de comando; quando chega, saneia, pois sua serenidade não é vulgar. É sempre transparente; direto, mas sensível; lógico, mas amável; imparcial, mas amigo; prático, mas sincero. É a força interna materializada, em nosso dia, conforme as situações e necessidades.

RELEMBRANDO:
força interna é toda a capacidade produtiva contida no ser. É filha da consciência. É a virtude e o conhecimento ou, ainda, habilidade e competência, juntas, em sua totalidade, no manancial de sabedoria do ser. Coisas que você não sabia que sabia, mas sabia. Autocredibilidade é o canal por onde ela, a força interna, se manifesta. É a certeza absoluta que vem de dentro de quem a possui. Sua alavanca de arremesso é o senso crítico.

Mas como construir a autocredibilidade?

A autocredibilidade é desenvolvida e sustentada por ações básicas:

1. **FOCAR** direcionar a minha vontade, determinação, habilidade, técnica, caráter para onde eu quero chegar, a curto, médio e longo prazo. Lembre-se: a vontade é o combustível, o foco é o motor.

2. **PLANEJAR** as estações, os estágios; como quero chegar; traçar planos de metas a curto, médio e longo prazo, priorizando as necessidades. Lembre-se: quando quero, com determinação, a natureza vem em minha direção. As coisas acontecem.

3. **ELIMINAR EXCESSOS** cortar tudo, e mais um pouco, daquilo que não preciso em todos os sentidos: desde as roupas, até gasolina, viagens, gastos em geral e o que não preciso mais.
Lembre-se: disciplina é disciplina.

4. **REVER AS ECONOMIAS** gasto zero, economia 100%; readaptação ao novo orçamento cortado em, no mínimo, 30%; eliminar cartões de crédito e cheque especial. Não abrir crédito de espécie alguma. Se posso comprar à vista e pagar, compro. Se não posso, não compro. Se os produtos usuais de meu consumo aumentaram de preço, elimino-os ou aprendo a viver com outros mais econômicos, na mesma ou quase na mesma qualidade.
Lembre-se: economia não é avareza.

5. **INVENTARIAR PROCESSOS** analisar se a maneira como estou fazendo as coisas é a forma mais correta; se o caminho que estou fazendo é o mais curto, econômico e produtivo. Exemplo: posso ir ao trabalho a pé, levantando mais cedo? Sim, pois, além de economizar, ainda faço exercícios, passo na padaria, levo meu lanche ao trabalho, evitando ir e voltar três a quatro vezes por dia. De quebra, ainda cumprimento os amigos no caminho e respiro ar puro das praças e jardins. E faça assim com todos os procedimentos, usuais ou não. Outro exemplo: comprar em um só lugar, ou fidelizar-se a dois lugares, onde você possa exigir descontos, entregas domiciliares e outros privilégios. Subiu o preço, não compre. Procure outro fornecedor.
Lembre-se: otimizar recursos também é lucro.

6. **OBJETIVIDADE SEM ENCANTO** é sobreviver com o que se tem, em todas as situações; é treinar-se para sobreviver na selva, se o avião cair. Afinal, isso de fato poderá acontecer, ou não? É economizar nas palavras: fale simples e gentilmente, sem altos e baixos; ouça, pergunte e reaprenda mais. Exercitar o mais, com o menos, para alcançar os mesmos resultados, sem perfumarias; esquecer o belo e partir para o eficaz. Mais produção e menos depressão. Isso vai desagradar a muitos, pois aprender a reutilizar o que se jogava fora é muito estranho. Mas estamos em economia de guerra, para aqueles que querem a autocredibilidade. Lembre-se: investimentos, sim, gastos, jamais. Invista no seu tempo; busque cursos gratuitos, pechinche e regateie, até enquadrar suas necessidades às suas possibilidades; invista em cultura, visite museus, congressos; cuide-se melhor, dormindo não mais nem menos que o necessário. Afinal, é a sua vida que está em jogo. Não perca tempo com bobagens, pois o minuto que se foi não voltará jamais. Esteja preparado para uma vida cada vez mais difícil e complicada. Portanto, simplifique tudo, sem perder a qualidade de sobrevivência, repito, de sobrevivência. Você vai ficar surpreso com a sua capacidade de sobreviver a situações difíceis.

7. **HIGIENIZAÇÃO FÍSICA** limpeza física completa. Descobri que, para ficarmos limpinhos e cheirosos, não é preciso mais do que dois minutos de chuveiro, um sabonete comum, um desodorante sem muito cheiro, uma pasta de dente barata (todas são boas) e uma escova de dentes suave que não machuque ao escovar a gengiva. Pare de seguir as ofertas de campanha televisiva, você pode estar comprando gato por lebre. Observe mais, reflita mais ainda e decida pelo prático, simples e comum. Estou falando de roupas e acessórios, e não de marcas famosas que custam muito mais e não nos oferecem vantagens a não ser alimentar a nossa vaidade. Lembre-se: ame-se, descubra-se; o chuveiro é um laboratório incrível de autoconhecimento.

8. **HIGIENIZAÇÃO MENTAL** pare de assistir a programas infelizes, que só trazem constrangimento social, familiar e pessoal. Seja digno, mude de

canal, de programa; suba sua sintonia para programas que constroem e higienizam sua cabeça, sua mente e Ogos (espírito). Saneie suas atividades internas lendo bons livros; seja um exemplo diante dos filhos para que aprendam, com você, os bons costumes. Vá assistir a uma peça de teatro, a shows educativos. Amigo, dê um jeito em sua vida, senão você vai continuar ligado na réstia dos infelizes que choram pela gravidade do mundo e suas misérias sociais. Portanto, comece eliminando programação inútil; afinal ela ainda está aí apenas porque permitimos e as alimentamos. Ajude a sociedade a eliminar o besteirol mental, diminuindo as nossas necessidades, principalmente churrascadas domingueiras, almoços coletivos, bebedeiras e extravagâncias. Lembre-se: as pessoas vão respeitá-lo pelos momentos de dificuldades que você enfrentou com elas e nunca pelo almoço ou churrasco que você pagou. Você identifica um bom amigo quando você está na pior. É ou não é? Então faça!

9. **CLAREZA MENTAL** é a lucidez com que vejo e realizo as coisas, sem perder a verdadeira dimensão dos fatos ou da realidade que me cerca, sejam eles grandes, mas principalmente os pequenos. É ter a sensibilidade unificada, a razão e a lógica de agir, dividir e compartilhar, sem confundir o certo e o errado nos movimentos da vida. É ter o discernimento de ajustar situações, aparentemente iguais, mas com finalidades diferentes. É a filha do senso crítico, tendo o avançar e o recuar como exercício permanente. Lembre-se: sensibilidade de um artista, com precisão cirúrgica.

10. **CONTINUIDADE** prometeu, cumpriu. Palavra é compromisso. Ninguém é obrigado a prometer, mas sim a cumprir aquilo que promete. É ter começo, meio e fim em todas as coisas que me são diretamente associadas. É fazer bem feito tudo o que toco, mesmo contra a minha "vontade". Isso traz fibra interna, músculos éticos e equilíbrio espiritual. Lembre-se: soltou, não prende mais. Cuidado com as promessas.

CONCLUSÃO:
faça uma avaliação pessoal e impessoal permanente.

Características de quem já conquistou a autocredibilidade:

- não tem pressa, sabe esperar;
- é sempre sereno, compreende a ignorância alheia;
- não inventa, baseia-se em fatos;
- tem raízes sólidas, principalmente na própria família;
- é um pai exemplar, marido amoroso e amigo leal;
- quando não sabe, diz que não sabe;
- seus exemplos de vida são a base de sua obra;
- suas obras são para o bem do todo; não existem privilégios. É impessoal, bem como imparcial;
- nem sempre é notado, mas jamais é esquecido;
- onde coloca a mão, desperta a luz da automotivação;
- é comandante por natureza, sabe o que quer. E, quando não sabe, procura descobrir;
- transforma, pela sua luz, líderes em comandantes;
- é sempre claro, limpo, transparente, lúcido;
- controla suas emoções, é sempre assertivo;
- é um educador permanente;
- quando erra, retoma, corrige, segue em frente;
- vive sempre para o todo, mesmo vivendo para si;
- Jamais se abala com o insucesso, pois é só mais uma lição de vida; aprendeu a perder;
- jamais se sente derrotado. Levanta sempre e caminha, mesmo estando sozinho;
- sua maior característica é autogestão;
- sua marca é o comando;
- seu reflexo é a autoridade natural.

Dicas para expandir a autocredibilidade:

- quando emprestar alguma coisa, devolva-a em melhor estado que antes;
- quando lhe perguntarem algo que você não sabe, diga: "não sei, mas vou procurar saber e te respondo", e responda mesmo;

- jamais deixe de dar retorno a telefonemas, cartas e e-mails;
- jamais tenha medo de aprender coisas novas;
- não coloque mais café na xícara do que você possa tomar. Idem para roupas, alimentos etc.;
- se tiver dúvidas, não diga sim ou não. Reflita antes;
- lave você mesmo suas peças íntimas;
- limpe a bacia do banheiro após o uso;
- não deixe a última gota de urina na cueca ou calcinha;
- lave bem as mãos após o uso do toalete;
- seja higiênico nos mínimos detalhes;
- não demonstre suas virtudes sem necessidade;
- valorize seus conhecimentos, utilizando-os para o bem do todo;
- fale pouco, mas com propriedade;
- não estimule sua vaidade, nem a dos outros. A modéstia deve ser sua melhor companheira;
- simplicidade será seu cão de guarda;
- não estimule o consumo. Reduza-o;
- disperse a fofoca. Todo boato deve ser motivo de indiferença;
- chame as pessoas pelo nome;
- responda e pergunte com clareza e simplicidade.

Quem adquiriu, ou melhor, quem conquistou a autocredibilidade, está pronto para sentir a autorrealização, que é o seu fruto mais saboroso.

AUTORREALIZAÇÃO é o caminho para a autoiluminação: fazer o que se gosta e gostar do que se faz.

Ela é fruto da autocredibilidade já instalada, que transparece em forma de autovalorização e autorreconhecimento. Ela é inabalável. Fruto da autocredibilidade, a autorrealização é sempre discreta, sutil, silenciosa, harmoniosa. E busca equilíbrio do meio, por estar conectada com a força interna, que é resultado efetivo das experiências consolidadas e armazenadas na consciência.

É sentimento de paz e serenidade comigo mesmo. Para conseguir a autorrealização, é necessário verificar alguns pontos, com os quais vou identificar o nível de satisfação comigo mesmo.

Por quê?

Porque, na autorrealização, vou explodir, como dinamite, os obstáculos que me impedem de crescer e expandir. Removo as dificuldades à unha, mas nada me impede de fazer as mudanças necessárias. Nada segura minha reinvenção.

Como é que é, caro leitor? Tá firme? Bem, tem mais! Existem dois pontos para balizar sua autorrealização:

1. Faço o que gosto?

Eu tenho que sentir prazer no que faço, para ansiar pelo dia seguinte; enxergar o próximo dia como aulas da Eternidade. Sentir gosto em acordar e dizer: "Que dia lindo. Olha que sol maravilhoso!". Ou, ainda, "Que chuva abençoada, imagine quantas sementes estão aflorando na terra!". Encontrar motivos para minhas palavras e meus movimentos terem harmonia e plenitude. Logo, meus ideais de vida serão evidentes, transparentes e descobrirei, se ainda não sei, aonde quero chegar.

2. Eu me casaria comigo?
   - Dormiria todas as noites na mesma cama?
   - Faria amor com paixão e entusiasmo?
   - Viveria só para mim, como fiel companheiro, colocando em minhas mãos toda a minha existência?
   - Sou limpo, higiênico e transparente, a ponto de manter a chama acesa, dia após dia?
   - Viveria apaixonado pelo meu corpo, mente e Ogos (espírito)?
   - Seria feliz comigo, pelo meu sorriso sincero, pelo cheiro da minha pele e o odor do meu sexo, pelo hálito da minha boca ou pelo fogo dos meus beijos?
   - Viveria permanentemente estimulado pelas juras de amor que trago comigo, e pelo poeta que eu sou?
   - Minha aparência e semblante denotam descontração, como se a força da natureza transbordasse pelos meus poros?
   - Sou simples e flexível para compreender os erros alheios e os meus, mas educando e buscando o raiar de um novo dia, com disciplina e rigor nas minhas metas já estabelecidas?
   - Quando levanto, arrumo minha cama e minhas coisas?

- Tenho foco permanente nos meus ideais de vida?

Caso não tenha todos os itens acima mencionados, estou determinado a conquistá-los? Se a resposta for sim, sua autocredibilidade está alta e, consequentemente, você já tem autorrealização. Do contrário, você deve começar a rever tudo, trabalhar duro, pois não "tarda o amanhecer". Temos que correr. E começar já. Por onde? Nesse momento, sua mente pode estar lhe dando duas alternativas: a certa e a errada.

CERTA: "Puxa, não é difícil, sou capaz, vou começar já. Afinal, quem escreveu este livro é humano, imperfeito e também deve estar lutando para superar seus limites e sobreviver. Está correto. É isso mesmo, pois esse é um caminho sem volta. E já comecei e vou morrer tentando. E uma coisa é certa: vou morrer melhor do que estou hoje".

ERRADA: "Puxa vida, meu tempo já passou, perdi o bonde e não há nada a fazer. Quem escreveu este livro não sabe o que está dizendo. É impossível conseguir isso neste mundo. Oh vida, Oh céus, Oh azar!". (Neste caso, caro leitor, acho que a sua mente está, de novo, armando uma armadilha contra você, indo contra a força de sua natureza íntima, que é a força de realização e a capacidade de criar. Sua força de vontade está reprimida. É hora de reagir e recomeçar, ativando sua faísca interna, para a autopropulsão.)

LEMBRE-SE:
o oceano se faz de gotas; o deserto, de grãos de areia; a sombra, de pequenas folhas; a felicidade e o sucesso, de pequenas atitudes e ações coerentes.

A obra-prima do Inventor da Vida, que é feita de pequenas células, se chama "homem". Comece já. Você é e sempre será capaz. Mas terá que começar. Portanto, se você acredita, pelo menos nisso, por que não começar? Se você começar já com vontade pelo agora e pelo depois, então, você está pronto para desenvolver a autocredibilidade e encontrar sua autorrealização. A autocredibilidade será a moeda do futuro, e somente aqueles que prometerem e cumprirem, que disserem e fizerem, a terão. O papel será mera formalidade, mas não mais o crédito para comprar, vender, trocar, amar e ser feliz.

O futuro sempre dependeu, depende e dependerá da autocredibilidade, a moeda que comprará o ticket do novo milênio. Conquiste a sua autocredibilidade, sinta autorrealização e seja um sucesso permanente, já. Aliás, o Inventor da Vida, em sua infinita sabedoria, já fez a parte dele em nossa vida. Quando é que faremos a nossa?

E qual é a nossa parte nisso tudo? Assumir o comando de nossa vida, e fazer o que temos que fazer, por nós mesmos, conviver com nossas emoções e transformá-las em ferramentas de sucesso, utilizando-as com sabedoria. **Você é capaz!**

Gostaria de abrir um parêntese para falar um pouco sobre autoestima. Na verdade, sobre aquilo que conhecemos como baixa autoestima e boa autoestima.

A autoestima é o balizador de nosso estado de espírito.

A manifestação de cuidado, amor e compreensão para nós mesmos, consideramos boa autoestima, que é aceitar-nos e vivermos bem e intensamente, mesmo com o pouco que possuímos.

Já descuido, autopiedade e a carência excessiva que alimentamos são os sinais da baixa autoestima. Na verdade, nosso reflexo de fora é sempre reflexo de como estamos por dentro.

Poderíamos dizer, ainda, que a boa autoestima é o lado de fora, o reflexo da autorrealização. Entendemos como boa autoestima o sabor que se traduz em curtir você mesmo, fazer todas as coisas com carinho. Por exemplo: ao passar o batom nos lábios, sentir a textura de sua boca; ao tomar banho, sentir naturalmente as curvas do seu corpo, ou mesmo as gordurinhas; ao fazer uma refeição, mastigar devagar e com cuidado, sentindo o sabor dos alimentos integralmente; ao fazer amor, curtir o parceiro, sua pele, seu cheiro e seus beijos. Enfim, a boa autoestima é sempre consequência da autorrealização, que, por sua vez, é fruto da autocredibilidade. Portanto, cuide da autocredibilidade, que o resto é pura consequência.

Já a baixa autoestima é sempre fruto do desmando de nós mesmos. É a ausência total da autorrealização. A autorrealização vem do espírito;

é um sentimento de paz do dever cumprido, independente do resultado. Está sempre em harmonia, dentro do tempo e do espaço. É a harmonia interior, que tem como ponto de equilíbrio a certeza inabalável do futuro, que não depende de bens ou poder, portanto, todos podem alcançá-la.

É importante saber que, na autorrealização, em alguns momentos, podemos sentir insatisfação. A insatisfação é sempre situacional, de curto prazo. É um desgostar temporário; é um "saco cheio". Quando estou apenas insatisfeito, a reflexão me conduzirá a uma solução simples e prática, pois, com ela, alicerçado em minha autocredibilidade, identificarei o ponto do desequilíbrio, solucionarei os problemas e pronto! A insatisfação é provocada por situações externas com reflexos internos, porém é passageira; apenas uma chateação.

Mas você pode estar perguntando: como posso saber quando é apenas insatisfação? Relaciono a seguir algumas situações que o ajudarão a discernir.

1. Querer mudar de emprego, pois não estou utilizando todo o meu potencial.
2. Descobrir que posso ser mais e não saber como expandir e crescer.
3. Identificar que mereço mais e não sou reconhecido.
4. Sensação de rejeição.
5. Perdas inesperadas e irreparáveis.
6. Acreditar demais nos outros.
7. Descrédito dos outros naquilo que estou realizando.
8. Excesso de pressão emocional do dia a dia.
9. Correr demais, para ganhar menos.
10. Estafa ou fadiga.

Vamos a um comparativo entre a baixa autoestima e a insatisfação, para você aprender a identificá-las e fazer o que for necessário para transformá-las em boa autoestima, fruto da autorrealização:

NA BAIXA AUTOESTIMA	NA INSATISFAÇÃO
1. Nada serve, nada basta	1. É específico: algo não serve
2. Tudo é escuro	2. Quase tudo é claro e bonito
3. Tem gosto de depressão	3. Tem pinta de angústia
4. Provoca irritabilidade permanente	4. Tem sabor de mudança
5. Desleixo pessoal	5. Cuidado pessoal
6. É autopiedoso	6. Quer dialogar, conversar
7. Descuido continuado	7. Desatenção temporária
8. Dispersão total	8. Apenas desinteresse
9. Carência desmedida	9. Quer apenas um cafuné
10. É só frustração	10. É só um desgostar

O importante é dizer que a baixa autoestima nunca chega de repente; ela se desenvolve sempre a médio e longo prazo. Pode ter começado por uma insatisfação, que, aliada à falta de conhecimento de nós mesmos, permitimos que se somasse a outros conflitos. É o famoso pingo d'água que forma um oceano. É um desgostar que não foi trabalhado pela reflexão.

RESUMINDO:
a baixa autoestima surge pelas nossas omissões, inseguranças, mágoas, frustrações e perdas, que trazem a falta de perspectiva. Portanto, ela é mental e de fora para dentro.

Então, qual a saída?
Para a insatisfação: reflexão.
Para a baixa autoestima: impessoalidade, que é a imersão, em mim mesmo, para buscar os motivos para a mudança, para a reinvenção (eles sempre existem!).

Para ambas:

- recuar no tempo e no espaço e descobrir onde está "o furo";
- observar o período de agravação: se de dia, de noite ou o tempo todo;
- tomar atitude e decidir, se "sai da moita" ou se mora lá!;
- ação. Mova-se!

LEMBRE-SE:
só uma pessoa pode conquistar a verdadeira autorrealização e, consequentemente, os seus reflexos (a boa autoestima): você mesmo! Então, comece já. Mova-se! Acorda, Leopardo... e mostra as suas garras. Você é um vencedor!

A autorrealização surge com a conquista da autocredibilidade, pois quem a conquistou tem um estado de espírito consistente, sólido, e as derrotas e as perdas são meras lições de vida. Ela é autopropulsora, automotivadora, sempre de dentro para fora. É a conquista permanente, pois a força interna já foi despertada pela prática dos 5 Movimentos do Autoconhecimento e pela expansão do fator produtivo.

Assim, consolidando os fatores produtivos, você conquistará o comando, com as rédeas do seu destino de volta às suas mãos. Você será um novo ser. Cabe aos ousados descobrirem se foi melhor ter mudado ou se era melhor ter ficado como estava.

Mas, com certeza, é melhor descobrir por você mesmo do que ter vivido no mundo da omissão, por jamais ter tentado.

CAPÍTULO VI
CONCLUSÃO

"Privilégio não é ter tudo que queremos, mas o pouco que precisamos e desfrutá-lo intensamente".

Pois bem, leitores, seu grande desafio é descobrir o "pouco" que você precisa e com esse "pouco" construir seu próprio destino.

Juntos conhecemos e entendemos que somos responsáveis pela criação de nosso Universo de Conflitos e Soluções. Vimos que eles estão acondicionados em nossa mente. Que uma mente condicionada, mergulhada na rotina, sem renovação e reflexão torna-se estagnada e nos leva à omissão. O oposto é verdadeiro, pois uma mente agitada, que absorve milhares de informações desnecessárias, causa uma aceleração que nos leva à impulsividade. É importante dizer que, tanto na estagnação como na aceleração, estamos vivendo nosso Universo de Conflitos. E que nossa mudança começa a partir de três premissas:

PRIMEIRA: aceitar e compreender que os conflitos fazem parte da nossa vida e do nosso crescimento; portanto, eles não podem deixar de existir.

SEGUNDA: tomar consciência de que somente nós temos condições de administrar nosso Universo de Conflitos e Soluções. Ninguém poderá fazê-lo por nós.

TERCEIRA: para administrar esses universos, devemos encontrar a nossa coordenada cósmica, ou seja, a cadência de nossos movimentos internos e externos dentro do espaço e do tempo, em harmonia absoluta.

Aprendemos que os condicionamentos são bloqueios formados pela falta da prática constante dos 5 Movimentos do Autoconhecimento, que promovem naturalmente a reinvenção. Os condicionamentos são a fonte de todos os elementos do fator inútil: o ócio, o apego, a bisbilhotagem, a omissão e a impulsividade, componentes de nosso Universo de Conflitos. Aprendemos ainda que a energia produzida deve ser continuamente ativa e focada; caso contrário, mais cedo ou mais tarde, seu desperdício nos levará ao desgaste, à inutilidade e, consequentemente, ao fracasso, como seres humanos, profissionais e pais de família.

Descobrimos que, dentre os elementos do fator inútil, a bisbilhotagem é de imensurável gravidade. Tornando-se uma celebridade mundial, governos, mídias, clubes, bolsa de valores, congressos, laboratórios, povos, famílias e pessoas fizeram, dela, um produto de consumo social a preço vil. E nós, dentes da mesma engrenagem, células do mesmo corpo; empurrados pela pressão do universo de informações revestidas pela maquiagem visual ou da intelectualidade insensível, fazemos parte, ainda hoje, desse abismo de ignorância dos nossos reais valores: quem somos, de onde viemos e para onde vamos.

Conhecemos um pouco mais sobre a impulsividade e a omissão. Vimos que a impulsividade é a manifestação das emoções despejadas sem reflexão e a omissão é a manifestação das emoções inibidas ou que sofreram repressão. Esses dois elementos estão sempre presentes em nossos movimentos, em pequena escala, e os outros elementos são agregados quando não usamos os 5 Movimentos do Autoconhecimento.

O nosso clima pessoal é o resultado final, mero reflexo do nosso estado mental e da administração do nosso Universo de Conflitos e Soluções. A vigilância deve ser realizada através da reflexão, que é um intraolhar. É vigiar-se 24 horas por dia para que eu possa fazer o que precisa ser feito. É assim que começo a educar a minha mente.

Desenvolvendo o discernimento a cada segundo, veremos expandir, em harmonia, a nossa capacidade produtiva, alinhando nosso foco e nos tornando um potencial produtivo.

Veja a seguir algumas ações que fazem parte da nossa reconstrução e que podemos conseguir pela impessoalidade:

- direção nas nossas ações;

- redesenhar o rumo das coisas;
- fazer uma leitura imparcial de todos os segmentos de nossa vida;
- tomar as rédeas de nossa vida e não deixar que a vida tome conta de nós;
- poder de decisão;
- cada coisa no seu lugar, como o sol e os planetas;
- alinhamento de um eixo imaginário de postura e comportamento.

Todos os nossos problemas, pelo nosso descuido, derivam dessas ações. Você terá que assumir o comando de sua vida, iniciar um processo de mudança de posturas e comportamento, a partir das ferramentas para o comando: os 5 Movimentos do Autoconhecimento. Como?

1. **OBSERVAR** quantas bobagens falamos por dia, quantas tolices e inutilidades promovemos diariamente.

2. **REFLETIR** antes de falar e agir, evitando perda de tempo, nosso e dos outros; acabando com o besteirol.

3. **TOMAR ATITUDE** para mudar o nosso destino, com planos de curto, médio e longo prazo, decidindo internamente o que nós queremos e o que nós não queremos; o que realmente é bom a longo termo. Deixar de correr riscos desnecessários, a preço de orgulho, ambição exagerada e prazeres efêmeros.

4. **AGIR** de maneira planejada, assumir riscos calculados, trabalhar duro e sem piedade; prudência sem omissão e criatividade com moderação.

5. **SABER ESPERAR**, continuar observando, refletindo, agindo sempre, sem esmorecer, e jamais ter pressa por resultados, pois eles virão, com certeza.

Na prática dos 5 Movimentos do Autoconhecimento, no processo de mudança, você vai desenvolver a iniciativa própria, o senso crítico e a criatividade. O grande prêmio? Comando da mente, controle das emoções e assertividade das ações.

Você será um comandante.

E o que é isso na prática? É conquistar:

- autocredibilidade;
- autorrealização;
- autoestima;
- acreditar no futuro;
- autodefinição;
- nervos de aço;
- fibras internas;
- determinação.

Veja, a seguir, um gráfico explicativo sobre as fases de desenvolvimento do comandante.

DESENVOLVIMENTO DE COMANDANTES

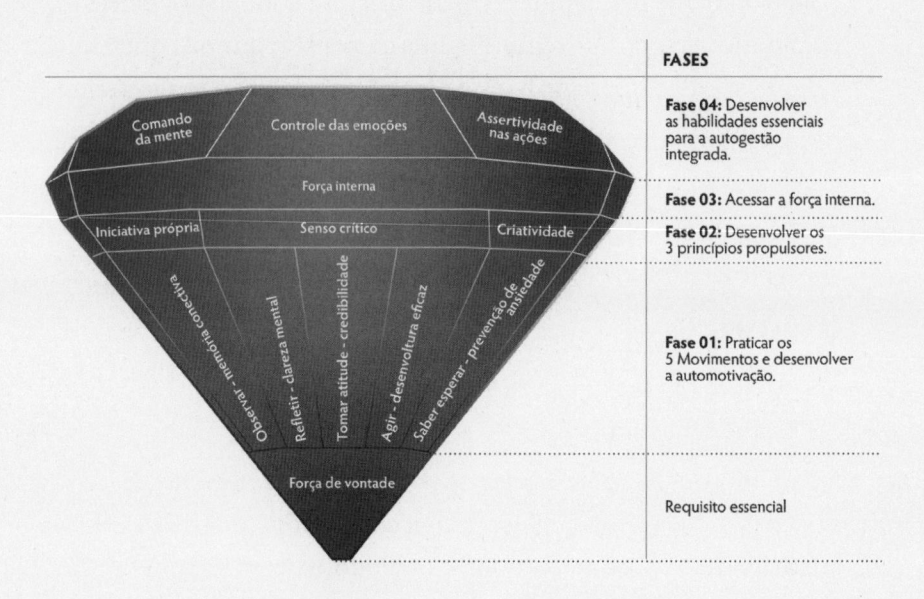

	FASES
Comando da mente / Controle das emoções / Assertividade nas ações	**Fase 04:** Desenvolver as habilidades essenciais para a autogestão integrada.
Força interna	**Fase 03:** Acessar a força interna.
Iniciativa própria / Senso crítico / Criatividade	**Fase 02:** Desenvolver os 3 princípios propulsores.
Observar – mentalidade correta / Refletir – clareza mental / Tomar atitude – credibilidade / Agir – desenvoltura eficaz / Saber esperar – prevenção de ansiedade	**Fase 01:** Praticar os 5 Movimentos e desenvolver a automotivação.
Força de vontade	Requisito essencial

Conhecemos o fator produtivo, que é composto de cinco elementos: impessoalidade, reinvenção, foco, ação transformadora e autocredibilidade. É o nosso Universo de Soluções, que está à nossa disposição para construirmos nosso destino.

LEMBRE-SE:
ninguém neste mundo vai fazer por você o que você deve e tem que fazer por você mesmo. Não adianta se esconder; a vida vai pegar você. Logo, se tem que fazer, faça depressa. O homem mais poderoso e rico deste mundo tem, ele mesmo, que escovar os dentes, limpar o bumbum, tomar banho... Se você não escovar os dentes, terá mau hálito; se não lavar a cabeça, terá caspa; se não limpar o bumbum... fede. Assim é nossa vida. Se você não fizer a sua parte e bem feita, você vai falir. Se você empurrar com a barriga, criará a ADS — Armadilha do Dia Seguinte — e, se protelar decisões... virá a depressão.

Ah! A propósito: armadilhas do dia seguinte são todas as minhas pendências de hoje que vão cair na minha cabeça amanhã. São as gotas de omissão de hoje que cairão em forma de tempestade amanhã.

Formamos a ADS por:

- pendências de todos os gêneros, tamanhos e intensidade;
- falta de foco;
- ingerência de terceiros em minha vida;
- não aceitar-me como eu sou;
- bisbilhotagem;
- ócio;
- apego;
- omissão;
- impulsividade;

- ausência de alinhamento das ações diárias, mensais e anuais;
- falta de conexão com o todo;
- falta de dinamismo;
- ausência de reinvenção.

Então, o que fazer para acabar com a ADS?

1. Começar do zero, tudo de novo, se necessário for.
2. Ocupar-se.
3. Movimentar-se.
4. Planejar cada dia. Replanejar o tempo todo.
5. Cumprir o que prometeu.

E qual é o caminho para acabar com a armadilha do dia seguinte? Foco, foco, foco...

E o que você conquista com essa prática?

- automotivação;
- espalha segurança;
- traz serenidade ao ambiente;
- saneia o clima pessoal e organizacional;
- dinamismo familiar, entusiasmo em expansão;
- traz a esperança duradoura;
- clareza mental;
- extermina a ansiedade;
- previne a angústia e a depressão;
- flexibilidade sem conchavos;
- suporte para viver sobre impactos;
- resistência a superpressões;
- ousa-se nos seus propósitos, planejadamente.

E como conquistar essas habilidades? Buscando a autocredibilidade e descobrindo o quanto é bom e saudável ter o comando da própria vida.

Você será um verdadeiro comandante quando abrir mão da notoriedade fútil e da bisbilhotagem, e decidir sozinho tornar-se um organizador de vidas, um ouvidor de vontades, saber identificar as críticas, um saneador de problemas, um catalisador de soluções. Ser discreto, assertivo, produtivo e um eterno aprendiz a 360º.

Como requisito, o autoconhecimento, o tempo todo, você com você mesmo; você com você e com a família e amigos; você com você e com seus comandados ou comandantes; você com você e com o universo. Mas como conseguir isso? Através da impessoalidade.

Agora é assumir riscos. E para isso lhe damos a equação inteligente.

EQUAÇÃO INTELIGENTE

Vamos lá!!! Anote estas dicas do nosso treinamento de guerra:

1. jamais tenha medo de perder; não se preocupe em ganhar, apenas faça o que tem que ser feito;
2. identifique suas necessidades mínimas de sobrevivência, sem mentir, disfarçar ou desculpar-se, na sua vida pessoal, familiar, profissional e comunitária;
3. relacione tudo o que você usa, possui e faz hoje, para suprir as necessidades que você identificou;
4. risque o excesso que sempre existe.

Bem, o que sobrou é a meta a ser alcançada. Como?

- Cultivando: pensamentos com vida, ideias iluminadas e posturas humildes, através da ação transformadora.
- Esclarecendo com foco: amoroso ao falar e atencioso ao escutar.
- Reconhecendo superioridades: ser obediente, quando há coerência.
- Zelando pela limpeza e transparência.

- Simplificando tudo, sem perder a qualidade de vida interna, de você com você mesmo. Esqueça os outros. Chegou a hora de escolher: ou você cresce para fora ou expande para dentro. Ou você aparece para os outros e é um infeliz consigo mesmo ou muda o seu destino, deixando de ser dependente e conquistando a autossuficiência. Ou você mostra do que "está" capaz para todos ou você descobre do que você "é" capaz para você mesmo. Lembre-se: *estar* é a aparência para fora; é a máscara passageira. *Ser* é a realidade do ser consigo mesmo, sem frescura ou faz de conta.
- Não tenha pressa. Faça tudo com qualidade, por excelência, ou seja, porque você realmente quer "ser" e não mais "estar". Tudo deverá ser feito com convicção e empenho, sem medo de errar.
- Elimine, definitivamente, toda e qualquer bisbilhotagem da sua vida, sem perder a educação e a paciência com os bisbilhoteiros à sua volta.
- Vamos medir seu progresso com a seguinte assertiva: quanto mais você for produtivo, menores serão as suas necessidades em todas as direções.

Esta deve ser sua meta para os próximos dois anos.

Mas você deve estar se perguntando: qual é o caminho pelo qual esse processo foi ordenado? Nossas observações identificaram os seguintes ordenamentos no comportamento humano:

1. a mente não aceita contraordem, mas é flexível ao ser educada;
2. você não deixará, de imediato, de "estar" aquilo que sempre "esteve";
3. ninguém corrompe o tempo. Ele é inexorável;
4. as coisas da natureza humana não devem ocorrer através de medidas repressoras, mas sim educativas;
5. de hoje em diante os detalhes farão a diferença no seu destino;
6. todos são capazes de encontrar a felicidade e de se tornar um comandante;

7. não existem fórmulas mágicas para o sucesso permanente;
8. só existe um caminho para a paz interior: trabalho duro consigo mesmo.

É importante você ter a certeza de que eu já testei, experienciei e observei as fórmulas aqui contidas e sei das dificuldades que você vai enfrentar. Mas o mais importante ainda é dizer que a sua mente se adaptará às suas novas medidas de equação inteligente. Você precisará de dois ingredientes principais para começar: sua total força de vontade e disciplina, disciplina e disciplina.

E o que é total força de vontade? É utilizar toda a sua determinação, de dentro para fora, sempre para o bem do todo e num único foco, conquistar a maior realização de sua vida: um novo você.

E a disciplina?

Disciplina é a arte de realizar e cumprir metas dentro do tempo e espaço, em harmonia absoluta. Não é seguir uma ordem linear rigidamente, o tempo todo, como o cachorro segue o osso. É ordem sem perder o controle de si mesmo. É fazer o que tem que ser feito, com continuidade: começo, meio e fim. É manter-se higienizado, movimentando o que está parado, o tempo todo, através de pequenos gestos, pequenas tarefas; enfim, tudo o que estimule a nossa iniciativa própria. Coloque cada coisa em seu lugar.

Tire, limpe sujeiras e papéis de seu caminho, sem querer prejudicar os outros, é claro!

RESUMINDO:
coloque no lugar tudo o que está fora. Comece com as torneiras pingando, sabonete derretendo na água e termine falando para você mesmo o que você pretende fazer com o seu empreendimento chamado vida. Dê um jeito, mova-se, mas planejadamente. Caminhe na direção daquilo que você quer, sonhou e não se preocupe com as dificuldades.
Elas existem para você criar músculos internos com aço temperado na alma e no espírito.

OS TRÊS COMPONENTES "INELÁSTICOS"

Agora você precisa saber que existem três coisas que não são elásticas (que não aumentam de tamanho), mas podem ser expansíveis (com o mesmo tamanho e volume, dentro do mesmo espaço e tempo, produzindo muito mais).
São elas: você, dinheiro, tempo.

VOCÊ: é um só. Portanto, não queira ser dois, três, quatro. Não vai dar, certo? Expanda-se em conhecimento, relacionamentos, e administre o pouco que você tem, ou seja, com os mesmos 2 + 2 fazer somente 5 (jamais 100). Tenha iniciativa própria para começar.

DINHEIRO: nunca gaste o que você não pode ganhar, pois esta atitude tira você de seu eixo. Compre melhor, procure qualidade. Se já fez dívidas que não pode pagar, realinhe, com os credores, os pagamentos e aguente o tranco. Tudo passa, até as dívidas. Corte suas despesas já! Use a criatividade.

TEMPO: você não pode esticar as 24 horas, tem que ser eficaz. Realizar mais e bem feito, no mesmo tempo e espaço. Se estiver cheio, pare. Corte as coisas que são dispensáveis no momento e as retome depois. Se não pode cortar tarefas, corte-as do mesmo jeito. E, se não der, corte-as mesmo assim. Nada vale mais do que tarefas realizadas nos seus limites, mas bem feitas. Todos querem quantidade e esquecem a qualidade. Não cometa esse erro. Isso mata. Agora é qualidade, não mais quantidade. Os seus limites devem ser vencidos, jamais rompidos. Deixe-os se expandirem naturalmente. Use o senso crítico.

Tomando essas precauções, você eliminará ansiedade, frustração e estresse, prevenindo a omissão, a impulsividade, a angústia e a depressão.

Você é um só. Mas, com certeza, bem maior do que pensa que é. Acredite nisso. Faça e você encontrará seu próprio ponto de equilíbrio, a sua coordenada cósmica.

Como?

1. Delegando funções, tarefas, dividindo com as outras pessoas as obrigações e somando resultados para o bem de todos.
2. Cortando, reduzindo, refazendo compromissos que não são prioridades ou que podem ser remanejados.
3. Saneando suas obrigações, eliminando perdas de tempo, espaço, simplificando tudo, mesmo que existam perdas iniciais.
4. Invista em você, dizendo não às coisas que te amarram e te fazem infeliz, mas aceitando as que ainda são necessárias para o seu crescimento e o bem do todo.
5. Mova-se, deixe de ser ocioso, preguiçoso. Reaja contra a inércia e vá em busca de mais responsabilidade. Comprometa-se.

LEMBRE-SE:
o homem tem o tamanho de suas realizações. E as suas realizações, o tamanho das suas verdadeiras intenções.

Finalmente, quero concluir que:

Tudo o que você leu, aprendeu e acessou foi para torná-lo um comandante, assumindo a sua própria vida e alcançando o sucesso permanente, comando da mente, controle das emoções e assertividade nas ações em todos os ambientes da sua vida: pessoal, profissional, familiar, social e comunitário. Esses serão os requisitos básicos para você autogerir-se.

Quando o ser se torna um comandante, é para administrar a si mesmo em todo e qualquer momento que lhe for exigido.

Ser um comandante é ter habilidade de integrar corpo, mente e Ogos (espírito), a serviço do amor e da imparcialidade. Com essa habilidade consolidada, podemos dizer que você receberá, como prêmio maior, a autorrealização. Nesta conquista, o comandante transforma-se em artista: a autogestão são suas tintas, os pincéis e a tela; a autorrealização será sua obra terminada. Você poderá levar o resto de sua vida para consegui-lo, mas nada será em vão. Você sabe disso.

Seja um comandante, um autorrealizado que se esforçou, trabalhou, aprendeu, autogeriu-se e desenvolveu-se, através da visão do futuro, com começo, meio e fim, para determinar seu próprio caminho. Ele, o comandante, percepciona o infinito, como o pó de areia no deserto. Alcança as estrelas com os pés no chão. É um ser que, com pequenas ações, expande luz no oceano da eternidade. Na Era da Sabedoria, ser comandante é um ideal de vida, cujo sonho deve ser vivido todos os dias, aqui e agora. Mas lembre-se: não basta apenas sonhar e desejar, temos que tomar as rédeas de nossas vidas, fazer por nós mesmos o nosso próprio destino e aprender a conviver com nossas emoções, até que elas se transformem nas duas asas da sabedoria: o conhecimento e a virtude.

Nesse processo (que, algumas vezes, poderá ser dolorido), a força de vontade será a fagulha, mas não a pólvora. A pólvora será o despertar da força interna, que já está pronta para a autoignição. Autoignição que levará você a descobrir e a navegar por outros estados de consciência, já acessíveis a pessoas determinadas, que buscam suas coordenadas no universo livre.

Mas isso é uma outra história... Quero dizer, um outro livro...
Até lá.

Caro leitor,

A você, que me deu a honra de participar de sua vida, a todos os personagens das histórias deste livro, cujas verdadeiras identidades foram rigorosamente preservadas, e a tantos outros que me acompanharam neste trabalho com tanta dedicação, eternamente, muito obrigado. Espero encontrá-lo em alguma coordenada cósmica neste universo infinito.

Paulo Zabeu

FONTE Adobe Garamond Pro
PAPEL Pólen Natural 80 g/m²
IMPRESSÃO Paym